PRESENTADO A:

_____

POR:

_____

FECHA:

_____

180
ORACIONES
PODEROSAS
para mujeres

180
ORACIONES
PODEROSAS
para mujeres

Penguin
Random House
Grupo Editorial

Primera edición: abril de 2023

Diseño de cubierta: Marcos Quevedo

Impreso en Colombia - *Printed in Colombia*

ISBN: 978-1-64473-728-6   180 Oraciones poderosas para mujeres

23 24 25 26   10 9 8 7 6 5 4 3 2 1

LISTA DE TEMAS

INTRODUCCIÓN

Quizá la palabra «virtuosa» nos pone a la defensiva. Nuestra primera imagen podría ser la de un violinista de talla internacional que es conocido como un «virtuoso» porque domina la técnica de su instrumento. Tal vez nuestro primer pensamiento sea de aquellos que se ejercitan en la piedad y la virtud, como hacían las monjas de siglos pasados en los conventos.

Sin embargo, en términos bíblicos, una mujer virtuosa es, sencillamente, una mujer valiente. De hecho, la palabra solía describir a los guerreros que luchaban en una batalla.

En esta vida se necesitan mujeres de excelencia, de carácter noble, de virtud, pero, sobre todo, que muestren el valor y el coraje para defender sus hogares y construir aquello que perdura.

Sin embargo, ¿cómo mostrar valentía cuando la vida presenta tantos desafíos? ¿Cómo tener un carácter más noble y virtuoso cuando parece que nuestro principal enemigo somos nosotras mismas? ¿Cómo ser sabias en un mundo lleno de insensatez?

Un libro en la Biblia nos puede ayudar. El rey Salomón escribió y recopiló muchos proverbios que forman hoy parte del texto sagrado. Estos proverbios son expresiones cortas que ofrecen verdades universales para vivir una vida recta. Su propósito es hacernos más sabias.

Así que te invitamos a orar cada día con nosotras, durante 180 mañanas, tardes o noches, con base en un proverbio. Pidamos al Dios de toda sabiduría que nos ayude a ver lo que debemos cambiar o cómo debemos tratar a otros, inspirándonos a ser esas mujeres valientes que libran batallas, ciertamente, pero que pueden salir victoriosas.

ORACIONES

para la sabiduría

El temor del Señor

El temor de Jehová es el principio de la sabiduría,
y el conocimiento del Santísimo es la inteligencia.
Proverbios 9:10 (RVR60)

Señor, al estar delante de ti reconozco que eres muy superior a mí. Yo no soy nada en comparación. Así que me acerco a ti en reverencia y asombro, pues es el primer paso para ser sabia. Reconozco que eres Santo, por lo tanto, no hay pecado en ti, ni puede acercarse a ti un pecador. Reconozco que eres Justo y no puedes pasar por alto las ofensas que hemos cometido. Reconozco que eres Amor y has tendido el puente para acercarme a ti por medio de la muerte de tu Hijo Jesucristo. Reconozco que eres Misericordioso, y por eso, aun cuando ya sea tu hija, me sigues perdonando y limpiando para hacerme santa. Finalmente, reconozco que eres Sabio. Enséñame a vivir mi día a día con inteligencia.

La fuente de la sabiduría

¡Pues el Señor concede sabiduría! De su boca provienen el saber y el entendimiento. Proverbios 2:6 (NTV)

¿Dónde encontraré la sabiduría para vivir? En tu Palabra, Señor. Bien dijo mi Señor Jesús cuando Satanás lo tentó en el desierto: «La gente no vive solo de pan, sino de cada palabra que sale de la boca de Dios» (Mt. 4:4, NTV). Ayúdame, Padre a apreciar tu Palabra y escudriñarla. Dame las ganas de meditar en ella y aplicarla a mi vida. De ti proceden la ciencia y la prudencia, el discernimiento y la inteligencia. Por lo tanto, así como anhelo el pan cuando estoy hambrienta, ayúdame a darme cuenta del hambre que domina mi alma y de que no hallaré satisfacción en las cosas, los trabajos o las personas sino solo en ti. Mi ser solo quedará tranquilo si se alimenta de tu Palabra.

Caminar derecho

Al necio le divierte su falta de juicio; el entendido endereza sus propios pasos. Proverbios 15:21 (NVI)

Al mundo que me rodea a veces le divierte su necedad. Llamamos diversión a lo que tu Palabra cataloga como pecado, insensatez o vanidad. Dame sabiduría para no dejarme engañar. Dios Omnisciente, tú que todos lo sabes y eres fuente de sabiduría, muéstrame las cosas como son. Quiero caminar por sendas rectas y no torcidas. ¿Pero cómo puedo enderezar mis pasos cuando me engaño a mí misma y pienso que algo que tú dices que está mal yo lo veo bien? Por eso te necesito. Guía mis pies por el buen camino. Que anhele los caminos de verdad y justicia. Que mi mente busque ser entendida. Amén.

Para adquirir sabiduría

El propósito de los proverbios es enseñar sabiduría y disciplina, y ayudar a las personas a comprender la inteligencia de los sabios. Proverbios 1:2 (NTV)

Dios sabio, encuentro tantas palabras para definir «sabiduría» en los proverbios que a veces me confundo. Pero, creo que puedo resumir todas ellas y decir que la sabiduría es la capacidad de tomar buenas decisiones. Eso es lo que precisamente necesito hoy. Debo tomar decisiones, grandes y pequeñas, triviales y trascendentales, pero en muchas de ellas me equivoco, como cuando elijo lo superficial y pasajero, y no lo profundo y eterno. Por eso, necesito tu sabiduría. Al ir leyendo estos proverbios y orando sobre ellos, abre mi mente y mi corazón para entenderlos, apropiármelos y, sobre todo, aplicarlos a mi diario vivir. Amén.

Un bien para mí misma

El que posee entendimiento ama su alma; el que guarda la inteligencia hallará el bien. Proverbios 19:8 (RVR60)

Señor, a veces quiero saber mucho para impresionar a los demás. Creo que el conocimiento y la acumulación de datos en mi mente me puede traer beneficios, dicha y popularidad. Lo cierto es que no necesito recitar todo un diccionario, sino adquirir tu sabiduría. Hacerlo es amarme a mí misma. Atesorarla es encontrar el bien. No se trata de buscar fórmulas para ser feliz o prosperar, ni de aferrarme a mi propia vida sino entregártela a ti. Por eso, tomo el consejo de Santiago y te pido sabiduría, segura de que me la darás y no me reprenderás por pedirla. Gracias por tus promesas, Señor.

Alguien mayor

Los proverbios de Salomón, hijo de David, rey de Israel. Proverbios 1:1 (RVR60)

Leí de la reina de Saba que viajó lejos para conocer la sabiduría de Salomón, y en estos proverbios puedo leer la inteligencia que concediste a este hombre. Pero tú mismo dijiste, Señor Jesús, que alguien mayor estaba ahí con los discípulos (Lucas 11:31). Tú, Señor Jesucristo, eres mayor que Salomón. Salomón dijo que el insensato recibiría el castigo, pero tú viniste a llevar el castigo del insensato. Salomón enlistó las cualidades de un rey, pero tú las reflejaste. Salomón nos instó a defender a los oprimidos, pero tú sufriste injusticias para librarnos a todos. Sobre todo, Salomón no logró obedecer sus propios consejos, mas tú eres la Sabiduría encarnada. Gracias, Jesús.

Sabio creador

...era la arquitecta a su lado. Yo era su constan-
te deleite, y me alegraba siempre en su presencia.
Proverbios 8:30 (NTV)

Señor Jesús, tú estuviste presente durante la creación. Tu sabiduría estableció los cielos y trazó el ho-
rizonte. Creaste los manantiales y pusiste límites al
mar. Demarcaste los cimientos de la tierra y creaste
a la familia humana. Fuiste el deleite de tu Padre en
la eternidad, y dos veces tu Padre anunció cuando
estuviste en la tierra que se deleitaba en ti. Fuiste el
arquitecto de este mundo, con todas sus maravillas
y misterios; eres el diseñador de mi cuerpo y su per-
fección. Te debemos la vida humana, pero también
la vida espiritual. Gracias, Jesús, por permitir que la
tierra existiera. Amén.

Vida

Pues todo el que me encuentra, halla la vida y recibe el favor de Dios. Proverbios 8:35 (NTV)

Señor, tú dijiste: «Yo soy el camino» cuando estuviste en el aposento alto con tus discípulos. Por eso nos pides atención a tus palabras. Si te seguimos, hallaremos la vida. Si te ignoramos, nos perjudicamos a nosotros mismos y vamos camino a la muerte. Hay solo dos caminos espirituales para seguir. Te elijo a ti, Jesús. Gracias por la vida abundante que ofreces a los que depositamos en ti nuestra confianza. Gracias porque esa vida comienza aquí y ahora en el diario vivir, pero tendrá su clímax en la eternidad, en tu presencia. Te pido por mis amigos, familiares y conocidos que aún no te escuchan. No permitas que te pasen por alto. Hazles ver que solo tú conduces a la plenitud de vida.

Banquete

[La sabiduría] preparó un banquete, mezcló su vino y tendió su mesa. Proverbios 9:2 (NVI

Señor Jesús, tú has preparado un banquete para los que te amamos. Contaste la historia de un rey que invitó a sus conocidos a un banquete, pero todos pusieron excusas. No quiero ser así. No hay nada más importante que comer contigo. El rey de la historia también, al ser rechazado, invitó a los ciegos, pobres y cojos. Esa fui yo. Por tu gracia, sin merecerlo, puedo entrar a la sala real. Luego el rey encontró a uno sin el vestido adecuado y fue echado fuera. Señor, no quiero entrar vestida en mi propia justicia, sino cubierta por tu gracia redentora. Así que acepto entrar a tu banquete. Gracias por la invitación.

Pobre

El que se apiada del pobre presta al Señor, y él lo re-compensará por su buena obra. Proverbios 19:17 (LBLA)

Tú, Señor Jesús, siendo rico te hiciste pobre por mí. Renunciaste a tus privilegios divinos y adoptaste la forma de un siervo. Naciste como un ser humano. Te humillaste en obediencia y tu amor fue tal que llegaste al punto de morir en una cruz como lo hacían los criminales. Sin embargo, sabías que tu sacrificio nos traería vida. Por eso, el Padre te ha elevado al lugar de máximo honor y tu nombre sobrepasa el de cualquiera. Un día, Señor, todos doblaremos delante de ti nuestras rodillas y declararemos que eres el Señor, el Salvador del mundo. Gracias, Señor, porque te apiadaste de nosotros. Muchas gracias.

Sabiduría vs. Conocimiento

Adquiere sabiduría, adquiere inteligencia; no te olvides ni te apartes de las razones de mi boca. Proverbios 4:5 (RVR60)

Comprendo, Señor, que muchas veces solo me interesa adquirir conocimiento. Quiero información para parecer más inteligente y tener tema de conversación, pero no hay escuela, curso ni universidad que me enseñe la sabiduría salvo tu Palabra y la experiencia. Sé que puedo medir el conocimiento mediante exámenes y pruebas, certificados y diplomas, pero la sabiduría solo se evalúa a través de decisiones correctas. Por eso, regreso al tema central del libro de Proverbios. El principio de la sabiduría está en el temor que tengo por ti y mis ganas de conocerte más como mi Salvador, mi Dios y mi Rey. Entre más sepa de ti, más entenderé las Buenas Noticias de tu Evangelio y seré más sabia al actuar.

Proverbios

También estos son proverbios de Salomón, los cuales copiaron los varones de Ezequías, rey de Judá.
Proverbios 25:1 (RVR60)

Gracias, Autor de la vida, por los hombres que tuvieron a bien copiar y preservar los proverbios de Salomón. Gracias por la diligencia que tuvieron de copiar palabra por palabra y así transmitir tu sabiduría. Creo que también es una buena idea para mí escribir con mi mano y puño tu Palabra para que se impregne en mi corazón. Dame la perseverancia para no depender solo de la tecnología, sino para regresar a las prácticas antiguas que pueden dar alivio a mi corazón. También quiero leer un capítulo de Proverbios todos los días para seguir aprendiendo sobre mis palabras, mis actitudes y mi conducta. Que tu Palabra siempre sea una fuente de consuelo y me enseñe a ser más como Jesús.

Mentores

Escucha, hijo mío, acoge mis palabras, y los años de tu vida aumentarán. Proverbios 4:10 (NVI)

Sé, Señor, que tu Palabra es la fuente de toda sabiduría santa e inigualable, pero comprendo también que has colocado a personas sabias a mi alrededor. Conozco a personas que han pasado por experiencias duras y han soportado fuertes pruebas, lo que les ha dado un discernimiento espiritual único y un amor especial por los demás. Ayúdame a reconocer a estos mentores y a aprender de ellos. Líbrame de ponerlos en el lugar incorrecto, como ídolos en mi vida o gente infalible. Más bien, quiero imitar su fe y su confianza en ti, y organizar tiempos con ellos para tener conversaciones que me animen y me desafíen, donde pueda preguntar y escuchar acerca de su crecimiento espiritual. Amén.

Elige a tus amigos

El que con sabios anda, sabio se vuelve; el que con necios se junta, saldrá mal parado. Proverbios 13:20 (NVI)

Amigo fiel, entre más avanzo en la vida, más comprendo que mi elección de amigos es vital para ser sabio. Sé que puedo ofrecer mi amistad y mi apoyo a cualquier persona, pero que debo ser un poco más exigente al elegir a las personas que tendré como confidentes y que podrán ministrarme. Y puesto que mi tiempo es tan preciado y limitado, quiero elegir usarlo con personas que me empujen a buscarte más a ti, que influyan sobre mí de maneras positivas y que conforten mi alma con tu amor y consejo. Si eso implica que deba considerar evitar ciertas compañías, dame la sabiduría para identificarlas y el valor para apartarme por una temporada. Si, por otro lado, existen relaciones que deba cultivar, muéstrame quiénes son y ayúdame a pasar tiempo con ellas.

Aprende de tus errores

Volveos a mi reprensión: he aquí, derramaré mi espíritu sobre vosotros, os haré conocer mis palabras. Proverbios 1:23 (RVR60)

Dios eterno, tu sabiduría clama a viva voz en las calles concurridas y en las ciudades, en los pueblos y en los terrenos baldíos. Sin embargo, en ocasiones no la escucho ni presto atención, salvo cuando fracaso y tropiezo. Después de los valles complicados y las montañas empinadas, cuando resbalo y flaqueo, tengo dos caminos delante de mí. Puedo endurecerme e ignorar mis errores, o puedo considerar estos momentos como las más grandes oportunidades de aprendizaje. Quiero permanecer vigilante a estas lecciones. No permitas que el orgullo me haga ciega o que mis oídos se tornen sordos. Cuando tenga los raspones de mis malas decisiones o los huesos rotos, producto de mi insensatez, cura mis heridas, luego indícame qué hice mal para no repetir mi equivocación y dame la gracia para aceptar las consecuencias.

ORACIONES

para lo que necesito

en mi vida

Instrucción

Aférrate a mis instrucciones; no las dejes ir. Cuídalas bien, porque son la clave de la vida. Proverbios 4:13 (NTV)

Señor, necesito instrucción. Así como necesito un entrenador que me motive a hacer ejercicio, que me diga cómo sujetar las pesas para no lastimarme y que me presione para dar más de mí, necesito que seas mi entrenador personal para ser más sabia. Comprendo que esto se logra con repeticiones y por medio de la confrontación personal. Acepto que, al cometer errores, mejoraré en técnicas y cuidados. Así que, de la misma manera que necesito mucho entrenamiento para sobresalir en el deporte, me inscribo en el gimnasio de la sabiduría y me pongo bajo tus órdenes, mi gran Instructor. Amén.

Discernimiento

Hijo mío, no pierdas de vista el sentido común ni el discernimiento. Aférrate a ellos. Proverbios 3:21 (NTV)

No soy experta en muchas cosas, Señor. No sé diferenciar tonalidades azules que un artista percibe con un solo vistazo. Me cuesta trabajo identificar si un instrumento musical desafina en una orquesta. Intento aprender a ver si un atleta es mejor que otro. Pero si bien me falta sabiduría en esas áreas, quiero aprender a discernir y reconocer las múltiples opciones delante de mí. Donde antes solo encontraba una o dos, quiero ver más alternativas. Además, anhelo distinguir no solo entre lo malo y lo bueno, sino entre lo bueno y lo mejor. Líbrame del legalismo y el relativismo, y dame el discernimiento que necesito para elegir siempre tu voluntad.

Prudencia

Para recibir el consejo de prudencia. Proverbios 1:3 (RVR60)

Padre, necesito prudencia. Debo ser sabia para anticipar los problemas sin abusar de la confianza ni paralizarme por el miedo. Requiero de la prudencia que me ayudará a saber los resultados que traerán mis distintas conductas. En muchas ocasiones mi impetuosidad me ha conducido a malas decisiones. En otras, me he quedado congelada y no he hecho cosas que hubiera disfrutado si hubiera sido valiente. Que mi cautela se fundamente en tu sabiduría y no en mi intuición; que mi templanza surja del fruto de tu Espíritu y no de mis prejuicios; que mi moderación sea el fruto de tu paz y no de mi apatía. Dame, Señor, sensatez y buen juicio.

Humildad

Cuando viene la soberbia, viene también la deshonra: mas con los humildes está la sabiduría.
Proverbios 11:2 (RVR60)

El que cree saberlo todo, realmente no sabe nada. Eso lo aprendo de tu Palabra, Señor. Tristemente, muchas veces creo que soy mejor que los demás y que tengo más conocimiento incluso que tú. La facilidad con que consigo información en Internet me ha dado una falsa seguridad de inteligencia, pero eso no implica que pueda elegir bien. Por esa razón, dame un espíritu humilde y enseñable. Que como María de Betania, me ponga a tus pies para escuchar y aprender. Que como los de Berea, escudriñe todas las cosas para evaluar si son ciertas. Siempre seré inexperta e ignorante en algún tema, por lo que me postro delante de ti, mi Maestro, dispuesta a aprender.

Gracia

Y hallarás gracia y buena opinión ante los ojos de
Dios y de los hombres. Proverbios 3:4 (RVR60)

Toda la vida estoy creciendo, Señor. Siempre hay oportunidades de cambiar y mejorar. No debo quedarme estancada ni atrapada en el pasado, ni conformarme con lo que soy hoy. Quiero crecer como hizo mi Señor Jesús. Tu Palabra dice que crecía en estatura, con ejercicio y buena alimentación; en sabiduría, escribiendo en la tabla de su corazón tu ley; en gracia para con Dios y los hombres, al apropiarse tus mandamientos y cumplirlos. Él seguramente conocía este proverbio y por eso lo puso en práctica. Que al guardar tus mandamientos y amar tu misericordia y defender la verdad, los que me rodean tengan una buena opinión de mí y tú te complazcas en mis decisiones. Por eso, dame hoy la gracia, ese regalo inmerecido, de vivir para ti.

De todo corazón

Fíate de Jehová de todo tu corazón, y no te apoyes en tu propia prudencia. Proverbios 3:5 (RVR60)

Señor, tú me llamas a confiar en ti de todo corazón. Según la raíz de la palabra, me pides que me postre cara abajo, en una dependencia y sumisión total a ti. Por eso, coloco delante de ti todas mis expectativas presentes y futuras, dejando mis preocupaciones a un lado. En ti, Dios, Señor, Jehová, el título que me recuerda tu pacto con Israel y el mundo, encuentro provisión y seguridad. Así que confío en ti con mi intelecto, mis emociones y mi voluntad, con todo mi corazón. Me despojo de todo y lo pongo en tus manos. ¿Y cómo haré eso? No dando prioridad a mi limitada perspectiva. No pondré mi peso sobre el débil bastón de mi propia sabiduría, sino que me entrego a ti totalmente. Amén.

Fortaleza

En el temor de Jehová está la fuerte confianza; y esperanza tendrán sus hijos. Proverbios 14:26 (RVR60)

¿Dónde encuentro una fortaleza segura, Señor? En el temor a ti. Confiar en ti no solo implica obedecer tu voluntad, me guste o no, sino también aceptar lo que permites que venga a mi vida, lo entienda o no. Debo confiar que todo ayudará a bien incluso cuando no pueda ver el panorama completo. Señor, si confío en ti de este modo construyo a mi alrededor una fortaleza segura. Quizá otros manejan sus vidas por medio de su razonamiento o su talento, en dependencia de lo que tienen o de las personas. Pero todas estas cosas son limitadas y perecederas. Por eso, hoy confío en que tu plan es mejor que cualquiera mío. Que esta sea mi herencia para mis hijos. Amén.

Seguridad

Temer a la gente es una trampa peligrosa, pero confiar en el Señor significa seguridad. Proverbios 29:25 (NTV)

Reconozco, Señor, que muchas veces ansío la aprobación de los hombres más que la tuya. Querer complacer a las personas me ha traído ansiedad y pena. Con facilidad termino herida o resiento la crítica. También experimento depresión y poca valía cuando no recibo el reconocimiento que creo merecer. Recuérdame, Señor, que mi valor no está en los *likes* que recibo o en lo que los demás piensen de mí. Vivir así es una trampa. Confiar en ti me da seguridad puesto que mi identidad proviene de ti. ¿Quién soy? Tu hija. Tu sierva. Tu heredera. Tu amiga. Tu amada. Creer estas verdades me ayuda a despertar cada día y saber que, sin importar lo que los demás opinen, soy alguien especial.

Escudo

Las palabras de Dios son todas puras; Dios es el escudo de quienes en él confían. Proverbios 30:5 (RVC)

Padre mío, he llegado a pensar que mis posesiones son el escudo que me protege de los imprevistos. Tener una cuenta en el banco me da tranquilidad. Confío en mis talentos para conseguir un trabajo. Abuso de mi salud creyendo que me durará para siempre. Me rodeo de cosas pensando que me librarán del mal. En los días buenos me olvido de ti. Entonces aparecen los días malos que me recuerdan que ni el dinero, ni la salud, ni la comodidad me son asegurados. Mi chequera no me protege de enfermedades, ni mis talentos evitan los desastres naturales. Pero tú proteges a los que en ti confían. Todas tus promesas son dignas de confianza y se convierten en el escudo que me guarda.

Como un león

Huye el impío sin que nadie lo persiga; mas el justo está confiado como un león. Proverbios 28:1 (RVR60)

León de Judá, quiero ser tan valiente como tú. El pecador siempre tiene miedo y es cobarde porque su conciencia lo acusa. Teme las consecuencias de sus actos pues reconoce, aun en el fondo, que traerán castigo. Pero yo, por justicia, soy salva de condenación. Por eso, dame el coraje que tuvo David para enfrentar a los leones que querían destruir el rebaño. Dame el valor de Daniel quien no se doblegó ante reyes, incluso cuando se le amenazó con entrar a un foso lleno de leones hambrientos. Te pido por la fuerza de Sansón, que no solo derrotó a un león, sino que encontró en su victoria la dulzura de la miel. León de Judá, en ti confío.

ORACIONES

para guardar

mi corazón

¿Envidiar a los violentos?

No envidies a los violentos, ni optes por andar en sus caminos. Proverbios 3:31 (NVI)

Padre, ¿por qué envidiaría yo a los violentos? ¿Por qué querría andar en sus caminos? La violencia no trae nada bueno y, sin embargo, quizá a veces me veo tentada a tener más dinero, más fama, más comodidades, y los violentos parecen tener todo lo que yo no puedo conseguir. Quizá parezca que ellos obtienen lo que buscan y se salen con las suyas sin tener consecuencias. Sin embargo, el proverbio dice en el siguiente versículo que tú detestas a la gente perversa, pero ofreces tu amistad a los justos. Escojo, por lo tanto, la íntima comunión contigo. Creo que tú vales más que todo lo temporal y efímero que la injustica pueda dar. Sí, Señor, te elijo a ti.

La fuerza de mi corazón

No tenga tu corazón envidia de los pecadores, antes persevera en el temor de Jehová todo el tiempo.
Proverbios 23:17 (RVR60)

Señor, has traído a mi mente al salmista Asaf. Casi pierde el equilibro y estuvo a punto de caer porque envidiaba a los orgullosos. Me pasa a veces lo mismo cuando veo a los malos prosperar. Parece que viven sin problemas; que son sanos y fuertes. Pienso que no tienen problemas como los demás y que, aunque no te toman en cuenta, no sufren las consecuencias. Pero sé que no es así. Sé que tú eres bueno con los que te siguen. Tomas mi mano derecha y me guías. Me estás llevando a un destino glorioso. Por eso, digo como Asaf: «Puede fallarme la salud y debilitarse mi espíritu, pero [tú sigues] siendo la fuerza de mi corazón» (Salmos 73:26, NTV). Amén.

Tortura

Cruel es la furia, y arrolladora la ira, pero ¿quién puede enfrentarse a la envidia? Proverbios 27:4 (NVI)

Oh, Señor, líbrame de la tortura que provoca la envidia, que hace que mire mis manos vacías y lamente lo que no tengo. Como cuando alguien habla mejor, o tiene una casa más grande, o presume mejor ropa, o conduce un mejor auto o parece una persona más exitosa. Algún escritor ilustró la envidia como un mendigo cuyos ojos están cerrados y cosidos. No puede ver, aunque quiera, lo bueno que hay a su alrededor, ni las bendiciones que posee. No quiero que esto me suceda. Abre mis ojos, Señor, para que vea que lo que me has dado es valioso, importante, útil, necesario y justo para mis necesidades. Y que, al ver el jardín de mi vecino, me goce con él. Permite que celebremos juntos sus bendiciones y las mías.

Cáncer

La paz en el corazón da salud al cuerpo; los celos son como cáncer en los huesos. Proverbios 14:30 (NTV)

La palabra cáncer me hace temblar, Señor. Sin embargo, tú la comparas con la envidia. Este mal, llamado osteoporosis, es una enfermedad silenciosa, pero un grave problema que se acelera en la vejez. No duele e invade poco a poco el esqueleto sin dar ninguna señal de su presencia, y lo mismo hace la envidia. Se agrava con el tiempo. Por eso, Señor, sé el Médico divino de mi alma que remueva este tumor. Quiero experimentar el contentamiento, gozarme con los que se gozan, disfrutar la vida sin compararme con los demás. Dame paz en el corazón, Señor. Líbrame de la envidia.

Luz que se apaga

No... envidies a los perversos... la luz de los perversos se apagará. **Proverbios 24:19-20 (NTV)**

Entiendo tu advertencia, Señor. No debo envidiar a los que hacen mal y se ganan la vida por medio de negocios ilícitos, prácticas deshonestas o actos violentos. No debo envidiar a los que llegan al éxito por medio de la corrupción. Tampoco debo envidiar a los que viven rodeados de lujos, pero llevando vidas inmorales. Más bien dame compasión. Al pensar en ellos, permite que interceda por sus vidas, pues si ellos no buscan tu Evangelio, su luz se apagará. Nada quedará oculto por siempre y un día deberán enfrentar la luz cegadora de tu juicio. Mi Dios, ten piedad de ellos y mueve sus corazones al arrepentimiento. Luz del mundo, ilumínalos.

Vigilar el corazón

Sobre todas las cosas cuida tu corazón, porque este determina el rumbo de tu vida. Proverbios 4:23 (NTV)

Para ti, Señor, el corazón no es solo el lugar de las emociones, sino de la razón y las decisiones. De él fluyen mis compromisos, mis amores y mis prioridades. Lo que mi corazón ama y confía se vuelve lógico para mi mente y deseado por mis emociones. De ahí, por lo tanto, surgen mis acciones. ¿Pero cómo lo guardo? ¿Cómo impido que anhele cosas que son perecederas y dañinas? Como dice este proverbio, debo vigilarlo. Permite que sea honesta conmigo misma y analice dónde mi corazón ha centrado sus amores. Y cuando se aparte de tenerte a ti como la base de su devoción, permite que vuelva a guiar mis ojos a Jesús, el amor de mi vida.

Confesión

¿Quién podrá decir: Yo he limpiado mi corazón, limpio estoy de mi pecado? Proverbios 20:9 (RVR60)

Nadie puede limpiar su propio corazón, ni ser puro, ni estar libre de pecado, Padre. Tu Palabra enseña que todos hemos errado al blanco. Todos hemos fallado. Pero la buena noticia es que Jesús vino a este mundo para morir en mi lugar. Para pagar el precio de mi pecado. Para limpiar mi corazón de toda maldad cuando estoy de acuerdo con la aseveración anterior: que nadie puede ser puro por sí mismo. Gracias, Padre bueno, porque cuando confieso mis pecados, eres fiel y justo para perdonarme y limpiarme. Gracias, Señor Jesús, porque tu sangre me limpia de todo pecado. Gracias, Espíritu Santo, por convencerme de pecado para así poder acudir a ti en confesión.

Reflejos

Así como el rostro se refleja en el agua, el corazón refleja a la persona tal como es. Proverbios 27:19 (NTV)

Cuando no cargo un espejo, busco un cristal o agua quieta para mirar mi reflejo. Solo así sé si estoy bien peinada o luzco decente. Pero, Señor, ¿cómo evalúo mi corazón? ¿Dónde descubro lo que hay dentro? Gracias por darme varios espejos. En primer lugar, el de tu Palabra, donde puedo evaluar las motivaciones de mi corazón egoísta y perverso. También te agradezco por las personas que señalan con amor y a veces con crudeza mis defectos y mis áreas de crecimiento. También aprecio los libros y devocionales, predicaciones y estudios bíblicos que hablan a mi corazón. Ayúdame, Dios, a discernir mis errores y a reconocer mis pecados ocultos, y muéstrame qué hacer al respecto. Que mi corazón refleje a Cristo.

Barniz

Las palabras suaves pueden ocultar un corazón perverso, así como un barniz atractivo cubre una olla de barro. Proverbios 26:23 (NTV)

Perdóname, Señor, porque mis palabras muchas veces son un barniz que ocultan malas intenciones. Uso lisonjas para conseguir lo que quiero o tuerzo lo que digo para que se haga mi voluntad. Vivo en una cultura donde el énfasis está en la imagen y la belleza, y donde la forma de expresarnos no siempre muestra lo que hay en el corazón. No permitas que caiga en este juego, sino dame la sabiduría, también, para identificar cuando alguien sea solo el barniz que cubre un material barato. A final de cuentas, tu Palabra dice que el alma más hermosa de todas, la de tu Hijo, no se cubrió de un barniz atractivo. Se presentó tal como era, en sencillez y honestidad, y nos enseñó que el corazón es lo más importante. Que así sea.

Profundidades

Aunque el consejo esté en lo profundo del corazón, la persona con entendimiento lo extraerá. Proverbios 20:5 (NTV)

A veces las cosas de valor son pesadas y se van a lo profundo del río. También muchas veces lanzamos al océano lo que queremos ocultar con la esperanza que se hunda hasta el fondo. Señor, cuando sea necesario, pon a mi alrededor personas sabias que me ayuden a extraer los tesoros que he descartado, pero que también me ayuden a sacar la basura que he echado en lo profundo para deshacerme de ella. Del mismo modo, quiero ayudar a otros. Dame el entendimiento para sumergirme en la historia de mi prójimo, no para juzgar ni estorbar, sino para ayudarle a verse a sí mismo como tú lo ves: con amor y misericordia. Pero que en el proceso también los anime a sacar a la luz lo que debe eliminarse.

ORACIONES
para la bendición

La fuente de toda bendición

La bendición del Señor trae riquezas, y nada se gana con preocuparse. Proverbios 10:22 (NVI)

Dios generoso, hoy reconozco que tú eres la fuente de toda bendición. No es mi mano, ni mi buena suerte la que me ayuda a obtener el fruto de mi trabajo, sino que es tu generosa mano la que provee para toda necesidad. Por eso, este proverbio me recuerda que no gano nada con preocuparme. Tú has prometido darnos el pan de cada día. Confío en que esta es una realidad y acepto tus bendiciones pues estas no añaden ninguna tristeza. No me afanaré por el mañana; no perderé el sueño por lo que no puedo controlar. Agradezco tus bondades y me aferro a tus promesas de provisión. Amén.

Sobre la cabeza

Hay bendiciones sobre la cabeza del justo, pero la boca de los impíos oculta violencia. Proverbios 10:6 (LBLA)

Comprendo, Dios Todopoderoso, que la cabeza siempre se ha considerado como la parte más importante de la persona, donde uno toma decisiones. Gracias porque tú derramas tus bendiciones sobre los que elegimos elegir tomando en cuenta tu voluntad y tu guía. Ayúdame, Señor, a recordar las lecciones que aprendo en tu Escritura, donde me dices que toda acción tiene consecuencias. Por ello, quiero seguirte y amarte, y sé que tus bendiciones se derramarán sobre mi cabeza como el suave aceite que corre por las mejillas, la barbilla y el pecho para consolar, curar y mostrar tu unción. Padre bueno, recibo con manos abiertas toda bendición espiritual. Amén.

Memoria

La memoria de los justos es una bendición, pero la
fama de los malvados será pasto de los gusanos.
Proverbios 10:7 (NVI)

Señor, con cariño recordamos a los que hicieron el bien. A los malvados preferimos olvidar. Leo la lista de los héroes de la fe y me motivo a seguir, porque Abel, Noé, Abraham, Sara, Jacob, Moisés y Rahab, no fueron perfectos, pero tuvieron fe. La confianza en ti transforma nuestras vidas y deja dulces recuerdos en los demás. Por el contario, los nombres de los que eligieron mal y vivieron lejos de ti son hoy una ofensa; su sola mención nos hace arrugar la nariz como si oliéramos algo putrefacto. Señor, permite que, al ser obediente a ti, deje en los demás un dulce recuerdo.

Preciada

Que tu esposa sea una fuente de bendición para ti. Alégrate con la esposa de tu juventud. Proverbios 5:18 (NTV)

En la Tierra de Palestina, árida y seca, el agua era preciada, valorada y resguardada. Los pozos podían considerarse el tesoro de una aldea. Del mismo modo, tú deseas, Padre, que yo sea esa fuente de agua fresca que brota para mi esposo. Permite que sea de bendición a mi pareja en todos los sentidos. Quiero que mi esposo encuentre en mí gozo y felicidad, y que me considere un regalo de tu mano. Sé que tu plan es que la satisfacción se encuentre únicamente en la relación exclusiva y comprometida de un matrimonio. Hazme aguas frescas y limpias, cristalinas y burbujeantes, que satisfagan la sed de mi cónyuge.

El hogar

El Señor maldice la casa del malvado, pero bendice el hogar del hombre justo. Proverbios 3:33 (DHH)

Padre mío, permite que mi casa reciba tu bendición. No soy justa por portarme bien o hacer buenas cosas; tampoco soy justa por confiar en mis propias fuerzas. Soy declarada justa porque Jesús pagó el precio de mi pecado y hoy me declara inocente ante ti. En otras palabras, se trata de lo que tú has hecho por mí. Así que, al acercarme delante de ti con humildad y con base en esta convicción en mi vida, ruego que bendigas mi hogar y que cubras a cada miembro con tu manto protector. Siéntete cómodo en cada habitación de mi hogar, pues quiero que seas el principal residente de nuestras vidas. Si tú estás en casa, habrá bendición constante.

Buen humor

Gran remedio es el corazón alegre, pero el ánimo decaído seca los huesos. Proverbios 17:22 (NVI)

Dios Trino, tú me creaste como un ser integral. Mi cuerpo, mi alma y mi espíritu están relacionados entre sí, y por eso lo que pasa dentro de mí afecta mi salud. Por eso, te pido alegría y buen humor, pues sé que hacen bien a mi organismo. Ayúdame a gozarme, no en las circunstancias que son tan volátiles y caprichosas, tampoco en la aprobación de las personas pues esto cambia constantemente, sino que mi alegría provenga de saberme amada por ti. Que mi gozo surja de saber que estoy sirviéndote y honrándote. Enséñame a fijar la mirada en Jesús, quien debido al gozo que le esperaba, soportó la cruz y el dolor. Del mismo modo, deseo seguir su ejemplo y avanzar en los días difíciles, sabiendo que después del dolor, viene la alegría.

Esperanza

La esperanza postergada aflige al corazón, pero un sueño cumplido es un árbol de vida. Proverbios 13:12 (NTV)

Dios de toda esperanza, en el centro de mi corazón no solo hay emociones sino también deseos, cosas que creo que me traerán felicidad cuando sucedan. Por eso, cuando no se hacen realidad, me siento afligida. Comprendo que estos sueños incumplidos quizá jamás encontrarán remedio en esta vida. Cuántos de tus siervos murieron sin haber visto en su totalidad tus profecías cumplidas. Cuántos anduvieron en esta vida sin ser testigos de las maravillas que vendrían después. Fortalece mi corazón de dos maneras. Primero, recuérdame que estoy en el desierto y no todavía en la Tierra Prometida. En segundo lugar, sé tú mi esperanza más profunda y atesorada, porque un día todos mis anhelos serán satisfechos en tu presencia. Amén.

Alegría compartida

Cada corazón conoce su propia amargura, y nadie más puede compartir totalmente su alegría. Proverbios 14:10 (NTV)

Dios Omnisciente, tú que conoces el corazón, muchas veces he sentido que nadie me comprende durante los días malos y de aflicción. Mi amargura y mi pena parecen ser tan propias y privadas que no las comparto con nadie. Sin embargo, tu Palabra dice que lo mismo sucede con la alegría. ¿Quién, sino tú, puede entender las raíces de mi dicha y las ramificaciones de un deseo cumplido? Tú conoces los pensamientos del corazón; tú me conoces mejor que yo a mí misma. Y por eso mismo, solo contigo puedo compartir plenamente mi tristeza y mi alegría. Así que comparto contigo hoy las cosas que más me han alegrado. Gracias porque estuviste conmigo en esos momentos.

Días de gozo y de pena

Hasta de reírse duele el corazón, y al final la alegría acaba en llanto. Proverbios 14:13 (DHH)

Cristo y Señor de las emociones, tú que experimentaste el llanto y reíste con los tuyos, ayúdame a recordar que el propósito de la vida no es siempre estar feliz. Existen heridas que jamás se sanarán por completo, y vacíos que no se llenarán del todo hasta estar en tu presencia. Tú mismo lloraste muchas veces y te afligiste al ver la necedad de nuestros corazones. Reíste también y te gozaste, pero no todos los días ni todas las horas fueron una fiesta. Por eso, permite que disfrute los momentos de gozo, pero no me aferre a ellos. Que sepa recibir los días buenos y malos, confiando en que tú bailas conmigo en medio de la música y no me abandonas cuando cruzo el valle de la sombra de la muerte. Amén.

Buenas noticias

Una mirada radiante alegra el corazón, y las buenas noticias renuevan las fuerzas. Proverbios 15:30 (NVI)

Luz de mi vida, dame esa mirada radiante que alegre a los demás, y ayúdame a juntarme con personas que también reflejen esa luz en los ojos. Sé que el verdadero gozo surge de las buenas noticias de tu Evangelio, las buenas nuevas que traen gozo, y por eso, he visto una gran luz después de ser ciega por muchos años. Cuando comprendí tu amor y tu entrega, recibí el gozo de tu salvación. Dame ese gozo que necesito para vivir día tras día. A veces la alegría se esfuma porque no paso tiempo contigo ni soy agradecida. Pero que las buenas noticias renueven mis fuerzas para disfrutar cada día. Que tu Evangelio sea una realidad en mi vida. Amén.

ORACIONES

para mi actitud

Terminar lo que empiezo

Los perezosos ni siquiera cocinan la presa que han atrapado, pero los diligentes aprovechan todo lo que encuentran. Proverbios 12:27 (NTV)

Creador del cielo y de la tierra, sé que la pereza no es solo la falta de empezar a trabajar, sino también el no terminar lo que comenzamos. Me confieso parte de este último grupo. He hecho planes y dado los primeros pasos para muchos tipos de proyectos y después no sé que pasa, pierdo el interés o me siento sobrecogida por el trabajo que el proyecto implica. Sea lo que sea, soy como ese hombre del proverbio que cazó la presa, pero no la cocinó. Tú, sin embargo, me enseñas que en seis días lograste tu objetivo de crear este mundo. Jesús vino al mundo y pudo decir: «Consumado es» cuando acabó la obra y la misión encomendada. Ayúdame a calcular el costo y terminar lo que comienzo. Amén.

Excusas

Dice el perezoso: "Hay una fiera en el camino. ¡Por las calles un león anda suelto!" Proverbios 26:13 (NVI)

Oh, Padre, ¡cuántas veces doy excusas igual de exageradas que el hombre del proverbio que temía que hubiera un león en la calle! Quizá, igual que él, cuando veo que el trabajo requiere más de lo que puedo dar, o que implica sacrificios que no deseo hacer, solo veo los obstáculos y los pongo de pretexto para poder salir del compromiso. Líbrame de volverme como el perezoso de este proverbio que no puede enfrentar las cosas y, que quizá, ya tampoco enfrenta lo que es: un perezoso. Dame el valor para enfrentar cada tarea y pedir de tu ayuda para poderlas llevar a cabo. Amén.

Afectar a otros

El perezoso es tan malo como el que destruye cosas. Proverbios 18:9 (NTV)

La pereza destruye, Señor. No solo me lastima a mí sino también a los que me rodean. Me vuelvo una carga para los demás. Si olvido pagar las facturas, mi familia se verá afectada. Si me pesa lavar la ropa y lo pospongo para mañana, mis hijos no tendrán su uniforme a tiempo. Si fallo en realizar mi tarea, todo el equipo sufre. Ayúdame a organizarme todos los días para cumplir con mis metas y mis obligaciones, sin evitarlas o posponerlas. Dame, Dios, la sabiduría para controlar mis tiempos, pero también para entender la importancia de las cosas más triviales, pues aún en lo más pequeño, si lo hago por amor a ti y a los demás, será un sacrificio de alabanza y servicio a ti.

Espinas

El camino de los perezosos está obstruido por espinas, pero la senda de los íntegros es una carretera despejada. Proverbios 15:19 (NTV)

Todopoderoso, sé que mi camino se obstruye cuando soy perezosa. La flojera, a final de cuentas, implica más trabajo. En un ejemplo sencillo, si no me lavo los dientes todos los días, terminaré pagando más dinero en el dentista y desarrollando enfermedades y hasta perdiendo mis molares. Si no hago hoy mi trabajo, este solo se acumulará hasta ahogarme. Si no riego las plantas, se secarán. Si no leo tu Palabra todos los días, me iré alejando de ti. Ciertamente la vida es dura y hay espinos en el camino porque vivimos en un mundo caído. Líbrame de añadir más espinos a la senda solo por no querer hacer las cosas que debo. Amén.

La dignidad del trabajo

Como a los que cuidan de la higuera se les permite comer del fruto, así serán recompensados los empleados que protegen los intereses de su patrón.
Proverbios 27:18 (NTV)

Dios de Adán, tú le diste un trabajo antes del castigo que recibió por comer del fruto. El trabajo es algo que tú creaste para permitirnos obtener el sustento, ser útiles y ejercer nuestros talentos. Del mismo modo, permites que disfrutemos del fruto de nuestra labor. El trabajo, por lo tanto, es bueno. Aún más, aunque parezca que trabajamos para otros, te servimos a ti. Quiero, por lo tanto, cuidar de tus intereses. Deseo trabajar de buena gana en todo lo que haga, pensando que lo hago para ti y no para nadie en este mundo. Gracias por permitirme participar del fruto físico, económico, emocional y espiritual de mi labor.

Los peligros

La persona enojada comienza pleitos; el que pierde los estribos con facilidad comete todo tipo de pecados. Proverbios 29:22 (NTV)

¡Cuántos peligros conlleva el enojo, Señor! Al actuar con ira, provoco conflicto y destruyo la cooperación y los acuerdos que la sabiduría pudiera conseguir. Sé que el enojo en sí mismo no es un pecado. Mi Señor Jesús se enfadó varias veces en sus días en la tierra. El pecado es elegir las maneras incorrectas de transmitir nuestra incomodidad, pues pueden conducir a la violencia y, literalmente, a la muerte. Aún puedo recordar escenas de mi vida que ahora lamento porque surgieron de un momento de enojo no controlado. También puedo pensar en muchas relaciones y vidas arruinadas por la ira. Confieso que la mayor parte del tiempo justifico mi enojo, así que ayúdame a ser honesta. Sobre todo, enséñame a controlar mi carácter. Amén.

Consecuencias

El que mucho se enoja, recibe su merecido; librarlo del castigo es empeorar las cosas. Proverbios 19:19 (DHH)

Dios que creaste el campo y los cultivos, estableciste una ley: lo que sembramos, cosechamos. Del mismo modo, cuando me enojo, debo sufrir las consecuencias. Reconozco que no me gusta aceptar el pago por lo que hago. Prefiero excusarme y evitar el dolor o la necesidad de ir a pedir perdón. Pero si no afronto los resultados de mis actos, volveré a equivocarme una vez más. Protegerme de nada sirve. Quizá algunas veces deba tener que humillarme para sanar una relación. En ocasiones el castigo de mi enojo será físico, como un dolor de cabeza o de estómago. Sea lo que sea, acepto tu corrección, Dios Creador, y te pido que me ayudes a que esto enderece mis pasos. Amén.

Chispas

La respuesta amable calma el enojo, pero la agresiva echa leña al fuego. Proverbios 15:1 (NVI)

Señor Soberano, quiero aprender esta sencilla lección. La primera manera de ayudar a una persona enojada es rodeándola de un discurso no agresivo. De hecho, las palabras duras pueden ser la chispa que eche a andar un incendio. Por eso, no quiero que mis palabras destruyan relaciones. Dame esa respuesta amable que, con paciencia, ternura y tranquilidad, afirme y muestre paciencia. Aprendo de ti esta gran lección, que aun con quienes te traicionaron, mostraste palabras de ánimo y dulzura. Veo también muchas veces en ti esa capacidad de elegir el silencio por encima de una respuesta airada y repentina. Señor, guarda mis labios y evita que propaguen fuegos.

Pesado

Pesada es la piedra, y la arena pesa; mas la ira del necio es más pesada que ambos. Proverbios 27:3 (RVR60)

Recuerdo cuando un día ayudé a mi esposo en el jardín. Teníamos que remover unas piedras y quitarlas de lugar. Parecía un asunto sencillo hasta que empecé a fatigarme. En cada viaje, las piedras pesaban más. Del mismo modo, Señor, este proverbio es una advertencia para los que solemos enojarnos con frecuencia. Nuestro enojo se vuelve una pesada roca que hace que la convivencia con nosotros se vuelva más insoportable cada día. Líbrame, Señor, de volverme un saco de arena que estorbe a los demás y les impida avanzar. Por otro lado, ayúdame también a ser sabia en mis relaciones y a apartarme de la gente «pesada» que me quiera hundir bajo el resentimiento, la provocación y el enojo.

Un verdadero héroe

Mejor es el lento para la ira que el poderoso, y el que domina su espíritu que el que toma una ciudad. Proverbios 16:32 (LBLA)

Señor bueno, nuestra sociedad está fascinada con los superhéroes. Algunos vuelan y otros tienen fuerza espectacular; unos leen la mente y otros se transforman en seres sobrenaturales. Pero yo quiero ser el tipo de héroe que menciona este proverbio. Dice que el que se demora en encolerizarse vale más que un héroe; quien tiene control propio puede conquistar una ciudad. Ese tipo de persona quiero ser. Ayúdame a ser lenta para la ira. A no ofuscarme en la primera oportunidad, sino a escuchar, preguntar y dialogar. También permite que pueda controlar mis impulsos agresivos, y antes de lanzar el grito u ofender, que pueda pedirte ayuda y cambiar mis palabras en explicaciones dulces y peticiones amables.

Hacia abajo

Ojos altivos y corazón arrogante, lámpara de los impíos; eso es pecado. Proverbios 21:4 (LBLA)

Señor Jesús, tu Palabra habla mucho del orgullo y de los ojos. Primero, prohíbe menospreciar a los demás. Cuántas veces miro de arriba abajo, sintiendo que estoy en un pedestal contemplando a los demás por encima; todas estas acciones son muestras de orgullo. Ciertamente he sufrido el menosprecio de otros, pero hoy quiero fijarme en mi propio corazón. ¿He despreciado a los demás por su color de piel, su falta de recursos, su manera de conducirse, su genealogía, su preparación o su lugar en la sociedad? Tú que comiste con fariseos y publicanos, hombres y mujeres, judíos y no judíos, tú que jamás has hecho menos a los demás ni lo harás, ¿me puedes ayudar? Cámbiame, Jesús, y hazme como tú. No quiero contemplar a otros con soberbia ni desdén.

Hacia arriba

El Señor destruye la casa del orgulloso, pero mantiene invariable la propiedad de la viuda. Proverbios 15:25 (DHH)

Padre nuestro que estás en los cielos, sé que el orgullo me impide ver hacia arriba. El corazón altivo se niega a reconocer el lugar que tú debes ocupar. Cuando soy orgullosa quiero controlar mi vida, decidir lo que es bueno y triunfar en mis propios términos. En pocas palabras, el orgullo es querer ser como tú y decir como Lucifer: «Subiré al cielo para poner mi trono por encima de las estrellas de Dios... y seré como el Altísimo» (Is. 14:13, NTV). Oh, Padre que moras en las alturas, confieso que algunas cosas que encuentro en la Biblia no me gustan. Admito que a veces quiero que mi nombre esté por encima del tuyo. Señor, humíllame y cámbiame, antes de que sea demasiado tarde y sea destruida mi casa. Que mis ojos miren hacia arriba.

De frente

Mira hacia adelante y fija los ojos en lo que está frente a ti. Proverbios 4:25 (NTV)

Dios Creador, tú que hiciste los ojos no solo para gozar de la belleza de tu creación sino para comunicarme, perdóname porque muchas veces no miro al otro a las pupilas. Tantas veces evito las miradas porque tengo la vista clavada en una pantalla. Muchas veces, me concentro en la comida frente a mí y no en el que comparte los alimentos conmigo. El orgullo me prohíbe conocer a las personas y reconocer sus luchas y alegrías. Me mantiene absorta en mí misma y en mi agenda. A diferencia de mí, tú miraste a María, a Juan, a Pedro y a cada enfermo que sanaste. Tú pones sobre mí tus ojos para mostrarme que te importo. Ayúdame a fijar mis ojos en la persona que está frente de mí. Permíteme amar hoy no solo con palabras o gestos, sino también con mis ojos.

Ojos cerrados

Al que ayuda al pobre no le faltará nada, en cambio, los que cierran sus ojos ante la pobreza, serán maldecidos. Proverbios 28:27 (NTV)

Omnipotente Señor, tú que has hecho todo y nos has dado en abundancia para compartir con los demás, perdona mis ojos orgullosos que se cierran ante la desgracia ajena. Cuando contemplo imágenes de guerra o destrucción, tragedia o desesperanza, prefiero cerrar los ojos para que no me afecte. Tristemente, también cierro el corazón. Pienso que, si no veo, no me afecta. Pero no quiero ser así. Quiero abrir los ojos y actuar ayudando al pobre y a la víctima. Puedo hacer muchas cosas al respecto como donar dinero a una organización confiable o participar con ayuda; juntar ropa y donarla, cocinar o compartir alimentos. Sin embargo, lo primero que te pido es: no permitas que cierre mis ojos.

Ojos ciegos

Al orgullo le sigue la destrucción; a la altanería, el fracaso. Proverbios 16:18 (NVI)

Entiendo, Señor, que cuando el orgullo me domina, me ciega. Impide que la luz de tu Palabra y de tu presencia iluminen mi vida. La soberbia me aparta de la crítica y el consejo; no me permite aprender de mis errores o admitir mis debilidades; culpa a los demás y distorsiona la realidad. Lentamente me conduce a la ceguera, sobre todo espiritual, y tarde o temprano me llevará a la destrucción. No quiero ser orgullosa, Señor, no quiero ir directo al fracaso. Por lo tanto, humíllame. Permite que escuche las voces de sabiduría que hablan a mi corazón sobre mi altivez. Ya sea que mi orgullo sea superioridad o inferioridad, dame una percepción correcta de quién soy y condúceme a vida.

ORACIONES

para mi mente

¿Qué es la lujuria?

No codicies su belleza; no dejes que sus miradas coquetas te seduzcan. Proverbios 6:25 (NTV)

Padre, reconozco mi codicia, ese contemplar lo que otros poseen y quererlo para mí. Comprendo, también, que hay una gran diferencia entre apreciar el atractivo físico de alguien a sentir un impulso intenso de que esa belleza me pertenezca. No se trata de querer a alguien en sí, sino que la lujuria solo busca el placer que el otro me puede dar. De ese modo, la lujuria convierte a la persona en un simple objeto. Mientras que el amor da y se entrega, la lujuria trabaja en dirección opuesta: busca solo recibir. ¡Oh, Señor! Vivo en una sociedad que solo busca su propia satisfacción. No permitas que mis ojos miren a alguien con codicia. No dejes que seduzca ni sea seducida. Quiero vivir bajo tus enseñanzas.

El peligro de la miel

De los labios de la adúltera fluye miel; su lengua es más suave que el aceite. Proverbios 5:3 (RVR60)

Dios Todopoderoso, el pecado es dulce en la boca, pero amargo en el estómago. La miel es placentera, pero no podemos vivir solo de comerla pues necesitamos un balance de alimentos. El sexo fuera del matrimonio es como querer vivir solo de miel, y mucha miel hace daño. Sé que el mundo me presenta el sexo fuera del matrimonio como una carnada apetecible, pero esconde el garfio que atrapa y lleva a la muerte. Abre mis ojos para que sepa diferenciar una carnada del alimento nutritivo que tu Palabra provee: la intimidad dentro del matrimonio. Tú creaste la manera de procrearnos; tú quisiste que produjera placer. Lo único que nos pides es que sea en el tiempo correcto y con la persona apropiada. Líbrame, por lo tanto de la tentación sexual.

Extraños

Pozo y agua son tuyos, y de nadie más; ¡no los compartas con extraños! Proverbios 5:17 (DHH)

Dios bueno y misericordioso, tú has hecho todas las cosas con un propósito. No vivimos en otros planetas porque seríamos ahí extraños, no preparados para respirar los vapores y ácidos que ahí hay. Del mismo modo, fuera de tus ordenanzas no hay vida, sino muerte. Tú nos creaste para tener relaciones íntimas con nuestro cónyuge y no con extraños. Sé que esta realidad suena aberrante para la sociedad. Comprendo que otros lo ven como limitante y restringido. Sin embargo, seguir tus instrucciones nos trae libertad y nos permite ser aquello para lo que fuimos creados. Nos has dado un pozo y una fuente inagotable de intimidad en el matrimonio que nunca se acaba y que trae satisfacción. Que solo ahí encuentre la dicha y la guarde porque no es para los extraños. Amén.

Fuego

Así le sucederá al hombre que duerme con la espo-
sa de otro hombre. El que la abrace no quedará sin
castigo. Proverbios 6:29 (NTV)

Dios Proveedor, tu Palabra dice que no puede
echarse un hombre fuego sobre las piernas sin que-
marse la ropa, ni caminar sobre carbones encen-
didos y no ampollarse los pies. Del mismo modo,
pensar que puedo tener sexo fuera del matrimonio
y que no me pasará nada, es mostrar insensatez y
necedad. El sexo fuera del matrimonio o contrario
a tus enseñanzas es destruirme a mí misma pues
tarde o temprano saldrá a la luz y, aunque tenga excusas, como un ladrón que roba porque se muere de
hambre, debo pagar y cumplir sentencia. Sé que las
películas y series que miro no mencionan esta parte.
Hacen que todo luzca como «amor real» y libre de
penas. Las vidas de los que me rodean, sin embargo,
muestran la veracidad de tu Palabra. Quien juega
con fuego, se quema. Ayúdame a ser sabia.

Pozo profundo y angosto

Porque la mujer extraña, la prostituta, es como un pozo profundo y angosto. Proverbios 23:27 (DHH)

Señor Jesucristo, sé que el pecado sexual no solo afecta mi cuerpo, sino mi propia alma. Practicar cualquier pecado sexual que busque satisfacer mis necesidades, sea relaciones extramaritales o pornografía me irán apartando de ti lentamente. No solo será como entrar a una trampa cada vez más complicada y peligrosa, sino también como bajar por un pozo estrecho para supuestamente obtener agua, pero en el que quedaré atrapada. Y, tristemente, cuando esté atorada, me daré cuenta de que el pozo estaba seco. Te pido que no me dejes llegar hasta ahí. Repréndeme con tu Espíritu y con las palabras de advertencia de los que me rodean. Prefiero enojarme hoy por las amonestaciones y consejos, a mañana verme apresada, sedienta y lejos de ti. Amén.

No ansiar

No es para los reyes, oh Lemuel, beber mucho vino. Los gobernantes no deberían ansiar bebidas alcohólicas. Proverbios 31:4 (RVR60)

Mi Señor y Dios, he visto los estragos que provoca el alcoholismo. Sé que es una adicción que causa daño y dolor. Te pido por mí y por mis seres queridos. Ayúdanos a no abusar de ningún licor fuerte ni aficionarnos a la bebida. Todos tenemos necesidades y anhelos fuertes de paz, tranquilidad y conexión, pero que no se satisfacen con el alcohol. Quizá esas emociones se adormecen por un rato con la bebida, pero tarde o temprano vuelven a explotar. Por eso te pido que encontremos en ti y en tu Palabra las maneras de lidiar con lo que hoy experimentamos. Que nuestro pretexto no sea «gozar» más una fiesta, sino reconocer que la alegría verdadera viene de seguir tus instrucciones que son muy claras: no es propio de tus hijos amar los licores.

Gula

Los que aman el placer se vuelven pobres; los que aman el vino y el lujo nunca llegarán a ser ricos.
Proverbios 21:17 (NTV)

Creador del universo, has hecho muchas cosas, como la comida y la bebida, para darnos placer. Pero cuando el placer domina, se convierte en un ídolo. La gula no es solo comer de más, sino la incapacidad de vivir una vida que espera el momento adecuado para la gratificación. La gula quiere hoy y ahora las sensaciones que nos pueden llevar a una posible adicción. ¿Qué es lo opuesto? Estar dispuesta a esperar el momento adecuado para comer, gozar y alegrarme. Y en el proceso, a veces estar dispuesta a sacrificar mis placeres para proveer a los demás. No acaparar ni abusar de algo, sino compartir y refrenarme. La sociedad me dice todo lo contrario: busca el placer y consume. Hazme sabia para no ser legalista, pero tampoco libertina. Deseo ser sabia.

Por los atrapados en vicios

Y dirás: Me hirieron, mas no me dolió; me azotaron, mas no lo sentí; cuando despertare, aún lo volveré a buscar. Proverbios 23:35 (RVR60)

Todos convivimos con la ansiedad y la preocupación, Señor, pero muchos quieren sofocarla con sustancias nocivas. Quizá todo comienza con «detenerse» y consumir un poco más de lo debido. La sustancia entra suavemente, pero luego nos muerde como serpiente. Oh, mi Señor, tristemente esto se vuelve un ciclo de dolor. Hoy te pido por las personas que conozco y amo que están atrapadas en algún vicio. A veces parece imposible que salgan de él y obtengan la victoria, pero no hay nada imposible para ti. Tu Espíritu tiene el poder de regenerar y transformar aún el alma más dañada. Abre sus ojos, mi Dios, para que se humillen delante de ti y pidan tu ayuda. Permite que clamen a ti y reciban tu oportuno socorro. Amén.

Por los niños y jóvenes

Su pan es maldad; su vino, la violencia. Proverbios 4:17 (NVI)

Padre bueno, te pido hoy por los niños y jóvenes a mi alrededor. Permite que escuchen los consejos de tu Palabra, que se aferren a tu instrucción y la pongan en práctica. No permitas que vayan tras los pasos de los pecadores ni que sigan su mala conducta, aún cuando su camino parezca ser de placer y diversión. Abre sus ojos para que miren que los que se han apartado de ti pierden el sueño, y su comida y su bebida son la maldad y la violencia. Sé que en la adolescencia uno busca su identidad y muchas veces uno se junta con el grupo incorrecto. Libra a mis seres queridos de buscar la aprobación de sus pares; que primero busquen, como José, no ofenderte a ti. Enséñales que lo que hoy parece «divertido» puede terminar en muerte y destrucción. Amén.

Presión de grupo

El vino hace insolente al hombre; las bebidas fuertes lo alborotan; bajo sus efectos nadie actúa sabiamente. Proverbios 20:1 (DHH)

Padre bueno, sé conmigo en los momentos de presión. Recuérdame tu presencia cuando supuestos amigos me rodeen y quieran que participe de sus vicios. No soy fuerte, Señor. Me importa mucho a veces lo que otros opinen de mí y siento tentación por saber qué se siente ser como ellos. En esos momentos, quiero que tu Espíritu me reprenda, me refrene y me controle. Deja que este proverbio venga a mi mente y me recuerde que los que se dejan llevar por un vicio no pueden ser sabios. Dame la valentía para decir «no». Ayúdame a huir, como hizo José. Ayúdame a proponer una alternativa saludable, como hizo Daniel. Ayúdame a usar tu Palabra como una espada, como hizo Jesús en el desierto. Sé que el decir «no» quizá traiga burlas y desprecio, pero a la larga se tornará en respeto pues sabrán a quién pertenezco.

Insensata

El principio de la sabiduría es el temor de Jehová; los insensatos desprecian la sabiduría y la enseñanza. Proverbios 1:7 (RVR60)

Santísimo Señor, lo opuesto a ser sabia es ser insensata. Tu Palabra describe al insensato como alguien que está fuera de la realidad y que, por ejemplo, piensa que puede tratar mal a su cuerpo sin tener consecuencias. Es alguien que se conduce con las personas de cierta manera y espera tener amistades duraderas a pesar de su falta de cuidado. Los insensatos piensan que pueden sembrar egoístamente y no cosechar destrucción o discordia. Sin embargo, la necedad principal es pensar que podemos centrar nuestras vidas en cualquier cosa que no seas tú, sin llevarnos al final una desilusión. Por eso, líbrame de la insensatez, Santo Señor, y guíame a temerte a ti.

Burlona

El Señor se burla de los burlones, pero muestra su bondad a los humildes. Proverbios 3:34 (NTV)

No quiero ser burlona, Señor. Sé que en la raíz de la burla hay un orgullo que no se quiere doblegar ante nadie. Los burlones desprestigian todo. Aunque a veces a los ojos del mundo parecen sabios y sofisticados, su forma de ridiculizar las cosas o a las personas los hace duros y envenena las relaciones personales. Vivimos en una época en que se nos anima a desacreditar y exponer a los demás. El Internet facilita el menosprecio y la crítica. Ayúdame, por lo tanto, a resistir la presión cultural de volverme una burlona. Tú no quebraste la caña cascada ni apagaste el pabilo humeante. Quiero evitar las malas prácticas del cinismo, las bromas privadas o los actos de *bullying*. Permite que muestre respeto a todos en todo momento.

Simple

¿Hasta cuándo, oh, simples, amaréis la simpleza, y los burladores se deleitarán en hacer burla, y los necios aborrecerán el conocimiento? Proverbios 1:22 (LBLA)

Existen personas que todo lo creen, y tu Palabra les llama simples. Con facilidad se dejan conducir e influenciar. Como niños, se impresionan por lo espectacular y dramático, o necesitan la aprobación para actuar. Caen con facilidad ante personalidades dominantes, siguiendo a las masas sin pensar. Veo un rasgo de simpleza en mí, Señor, y por eso pido tu ayuda. También requiero de la aprobación de los demás para sentirme bien. A veces, igual que los simples, caigo presa de la información sin antes analizarla. Como otros, en ocasiones me dejo influenciar por las modas y las redes sociales. Por eso, te pido que me libres, Padre amado, de la simpleza.

Necia

No respondas al necio según su necedad, o tú mismo pasarás por necio. Proverbios 26:4 (NVI)

Puedo ser necia y obstinada, Señor. Me siento sabia en mi propia opinión y no permito que se me corrija o enseñe. Por naturaleza, soy terca. En las discusiones quiero ganar y uso argumentos que muchas veces solo consideran una cara de la moneda. En muchas otras instancias, creo tener la razón y persigo mis metas, aun sabiendo que tu Palabra me dice otra cosa. Debido a mi necedad me he equivocado más de una vez y he terminado en situaciones desastrosas. Como el mulo, necesito que tomes tú las riendas y me dirijas por los caminos derechos que tienes para mí. Como al terco burro, usa cuando sea necesario, la vara para corregir mis sendas.

Alborotadora

El alborotador siembra conflictos; el chisme separa a los mejores amigos. Proverbios 16:28 (NTV)

No quiero ser conflictiva, Señor. Pero muchas veces en lugar de buscar la paz, persigo los problemas. Mis palabras, en lugar de tranquilizar los ánimos, son chispas que encienden aún más el fuego. No sé porqué muchas veces siento la necesidad de quejarme por todo y protestar. Por lo mismo, de mi boca salen medias verdades, malas palabras y hostilidad. Lo peor del caso es que justifico mis acciones diciendo que solo estoy «luchando por mis derechos» o «siendo directa y hablando la verdad». Tú, sin embargo, odias a las personas que siembran la discordia en una familia. Por eso, tomo con seriedad esta advertencia y te pido que me libres de ser una alborotadora. Dame sabiduría para hablar verdad con amor y ser una pacificadora.

ORACIONES

para la disciplina

Lectura de la Biblia

Hijo mío, presta atención a lo que digo y atesora mis mandatos. Proverbios 2:1 (NTV)

Tu Palabra, Señor, es miel para el cansado, agua para el sediento, pan para el hambriento, luz para el ciego, martillo para el herrero, oro para el explorador. Quiero acoger tus instrucciones y guardar tu enseñanza como un hábito en mi vida. Ayúdame a tener ansias cada mañana de leer la Biblia y buscar tu voluntad en ella. Deseo tener una hora fija para leer y meditar, y empezar siendo lo más fiel que pueda a esta práctica. Reconozco que hay muchas ayudas hoy en día como devocionales e incluso aplicaciones en mi teléfono para recordarme esta disciplina, pero más que hacerlo como una obligación, pido hacerlo porque te amo y quiero escuchar tu voz.

Soledad y silencio

Presta oído a la sabiduría; entrega tu mente a la inteligencia. Proverbios 2:2 (DHH)

Bendito Señor, no puedo escuchar tu voz si hay ruido y distracciones alrededor. Por eso, quiero practicar las disciplinas de la soledad y el silencio. Muchas veces tengo miedo de ellas porque la quietud hace que escuche mi propia voz y me enfrente a mis pecados ocultos, mis deseos corrompidos o mis pensamientos deprimentes. Pero también es en el silencio cuando escucho tu voz por medio de tu Palabra, tu naturaleza o mi propia conciencia. En la soledad puedo enfocarme en tu persona y buscar tu presencia. Afina mis oídos a tu voz. Ayúdame a buscar los espacios y los tiempos para concentrarme en tu verdad y tu prudencia. Rodéame del ambiente en que mejor pueda atender a tu sabiduría.

La oración

Clama por inteligencia y pide entendimiento. Proverbios 2:3 (NTV)

En la disciplina que más fallo es en la oración. No soy constante para hablar contigo, Señor, o solo te busco en urgente necesidad; difícilmente me siento todos los días a conversar contigo. Sin embargo, tú siempre estás esperándome pacientemente, dispuesto a escucharme cuando clamo a ti. No se trata, por lo tanto, de aumentar mis minutos en oración, sino de cultivar una mente que esté siempre orientada a tu trono, y un estilo de vida que se comunique continuamente contigo. Quiero orar sin cesar: compartirte mis penas y alegrías, agradecerte por todo lo que haces por mí, confesar mis pecados, alabarte por tu grandeza y pedir por lo que no tengo. Mejora mi vida de oración, Señor. Amén.

Consistencia

Entrégate por completo a buscarlos, cual si buscares plata o un tesoro escondido. Proverbios 2:4 (DHH)

Dios que has creado la plata y el oro, el cobre y el hierro, he visitado minas y escuchado de los tiempos de la Fiebre del Oro. Los hombres viajaban kilómetros para buscar, día y noche, un poco de oro en los arroyos o explotar una mina. Si bien sufrían privaciones y peligros, su necesidad de obtener los tesoros era mayor. Si se rendían, no conseguían ningún beneficio. Del mismo modo, dame constancia para leer la Biblia, orar y buscarte, incluso cuando no parezca suceder nada. Quiero insistir en oración, aun cuando no haya aparente respuesta. Deseo escudriñar las Escrituras, aun cuando no parezca ser más sabia. Necesito cultivar la soledad y el silencio, aun cuando los frutos no sean inmediatos. Ayúdame a ser perseverante, Dios de los mejores tesoros.

Memorización

No se aparten de tus ojos; guárdalas en medio de tu corazón. Proverbios 4:21 (RVR60)

¿Dónde es el mejor lugar para guardar tus mandatos y tus palabras? En mi corazón, Señor. No hay mejor lugar que mi mente para atesorar tus promesas y meditar en tus ordenanzas. Dame, por lo tanto, la disciplina de memorizar pasajes de tu Palabra. No permitas que ponga pretextos de edad, educación o tiempo. Ayúdame a encontrar un espacio para sentarme y repasar tus palabras, cincelándolas así en mi alma. Sé que, al hacerlo, estaré preparada para enfrentar la tentación como lo hizo mi Señor Jesús. Y sé que también esas promesas serán un ancla segura en medio de las tormentas de la vida. Mueve mi mente perezosa para trabajar y guardar tus palabras en lo más profundo de mi interior.

La prioridad correcta

Honra a Jehová con tus bienes, y con las primicias de todos tus frutos. Proverbios 3:9 (RVR60)

Reconozco, Padre de las luces, que toda buena dádiva proviene de ti. Entiendo, también, que cuando te honro con mis finanzas hago bien. Sé que mi cuenta de banco habla mucho de mi fe y mis prioridades, así que ayúdame a practicar la generosidad y no ver mis riquezas como el fruto de mi esfuerzo, sino como uno más de tus regalos. Quiero darte lo mejor de todo lo que produzca, desde mi tiempo y mis habilidades, hasta dinero y bienes materiales. Que abra mis manos para bendecir al pobre y a los que trabajan en proclamar tu Palabra alrededor del mundo. Que mis ofrendas se usen para extender tu reino y para que otros vengan a ti. Amén.

Cuándo detenerme

No te desgastes tratando de hacerte rico. Sé lo suficientemente sabio para saber cuándo detenerte.
Proverbios 23:4 (NTV)

No sé cuándo detenerme, Señor. Pareciera que siempre quiero «un poquito más» y por eso acepto más horas en el trabajo o participo en programas que me prometen riquezas al instante. Me afano por conseguir un mejor teléfono, un mejor auto o una mejor escuela para mis hijos. Y en el proceso me canso. Líbrame de obsesionarme con las riquezas, pues como tu Palabra dice, los bienes materiales son impredecibles y volátiles; desaparecen en un abrir y cerrar de ojos sin que pueda hacer nada al respecto. Así que, incluso cuando me duela, sé firme conmigo y muéstrame tu sabiduría para saber cuándo parar. No me quiero desgastar en cosas que no son eternas.

Una necesaria elección

Más vale adquirir sabiduría que oro; más vale adquirir inteligencia que plata. Proverbios 16:16 (NVI)

Entre la sabiduría y las riquezas, quiero elegir lo primero. Señor, sé que muchas veces me veo tentada a preferir el dinero en vez de gastar mi tiempo en estudiar o meditar en tu Palabra. Pero recuérdame que la sabiduría me ayudará a aumentar mis finanzas sin los riesgos del desastre económico. La sabiduría me ayudará a mantener el equilibrio necesario para no obsesionarme con ser rica. La sabiduría me hará más honesta y generosa, cualidades que no acompañan necesariamente el hacerse rico. Así que, elijo la sabiduría y rechazo el falso sentido de seguridad que trae el dinero, así como las probabilidades de volverme más orgullosa o avara.

Lo que el dinero no puede comprar

Mejor es la comida de legumbres donde hay amor, que de buey engordado donde hay odio. Proverbios 15:17 (RVR60)

Dios de abundantes riquezas, reconozco que hay cosas que el dinero no puede comprar. Muchas personas creen que una cuenta de banco abundante les dará las mejores cosas de la vida, pero los proverbios me recuerdan que la verdadera vida en Cristo es la única que provee de cosas eternas. Así que elijo la paz que viene de confiar en ti ante la angustia que añaden las riquezas. Escojo un plato de verduras donde hay amor ante la carne asada en donde abunda el odio. Prefiero la buena reputación al oro y la plata. Prefiero ser pobre y caminar en integridad que ser rica y deshonesta. Sé que no son decisiones fáciles. Por eso, abre mis ojos para apreciar lo eterno y no lo temporal.

Esclava

Los ricos son los amos de los pobres; los deudores son esclavos de sus acreedores. Proverbios 22:7 (NVI)

Dios de libertad, no quiero ser esclava de mis acreedores. No deseo vivir encadenada a una vida de deudas, por mi casa, mis estudios o un auto. Así que te pido que me ayudes si he elegido mal. Dame fuerzas para trazar un plan que me permita salir de mis deudas y a ser frugal hasta que me libre de esas cadenas. Si aún no caigo en malas decisiones financieras, frena mis deseos y habla a mi corazón para que no compre si no tengo el dinero. En el uso de tarjetas de crédito, dame sabiduría. En decisiones importantes en las que no hay otra salida, permite que busque consejo y elabore una manera de pronto pagar. Amén.

ORACIONES

para alabar a Dios

Creador

*Con sabiduría el Señor fundó la tierra; con enten-
dimiento creó los cielos. Proverbios 3:19 (NTV)
3:19*

Creador del universo y de la tierra, de las grandes
galaxias y los minúsculos insectos, tú que formaste
con tus manos cada especie, cada montaña, cada
ser humano, me postro delante de ti con reverencia.
Reconozco que tu obra es maravillosa y que, como
tú mismo pronunciaste, todo es bueno. Te alabo porque tu mente es incomprensible y tu creación tan
vasta que no puedo terminarla de entender y conocer. Pero te agradezco de una forma especial porque
creaste al ser humano a tu imagen y semejanza, lo
que implica que me has dado también la capacidad
de crear cosas, desde máquinas hasta arte, música y
libros. Gran Creador, inspírame para usar el regalo
de la creatividad para tu servicio. Amén.

Santo

Hay seis cosas que el Señor odia, no, son siete las que detesta. Proverbios 6:16 (NTV)

Eres santo, Señor, porque eres moralmente perfecto. Eres como el sol que necesitamos para tener vida, pero al que no podemos acercarnos o podríamos morir. Del mismo modo, no podemos acceder a tu presencia pues en nosotros hay inmundicia y maldad. Gracias porque decidiste hacer algo al respecto, y de ese modo vino Jesús, el Santo de Israel, quien tomó forma de hombre para morir por nuestros pecados. Su sacrificio nos limpia y purifica; nos permite entrar a tu presencia ahora pues nos ha revestido de su justicia. Señor, tú odias el pecado y no puedes tolerar que esté cerca de ti debido a tu propia naturaleza. Gracias por darme entrada a tu trono por medio de la sangre de Cristo y ayúdame a ser santa, porque tú eres santo.

Fiel

El Señor no dejará que el justo pase hambre, pero se niega a satisfacer los antojos del perverso. Proverbios 10:3 (NTV)

Solemos cantar que tu fidelidad es grande, pero realmente es enorme. Eres fiel y verdadero, pues no puedes mentir ni romper ninguna de tus promesas. Has cumplido cada pacto que has hecho con tus hijos, y los has cuidado una y otra vez. Tú no cambias de parecer, ni hablas algo que luego no se hará. Por eso, te agradezco porque has prometido que me santificarás por completo y me prepararás para tu venida. Tengo también la firme promesa de que no me dejarás. Mis sentimientos a veces me engañan, pero tú eres fiel. Las personas hablan mentiras y no cumplen su palabra, pero tú eres verdadero. Aunque yo he sido infiel contigo, tú permaneces fiel porque no puedes negar quién eres. Señor, estás lleno de fidelidad y te alabo por ello.

Omnipresente

Los ojos del Señor están en todo lugar, vigilando tanto a los malos como a los buenos. Proverbios 15:3 (NTV)

Tú estás en todas partes, Señor. No hay un solo lugar de este universo donde tus ojos no vigilen lo que acontece. Pero he visto suficientes películas y series de ciencia ficción para convertir esto en una amenaza, donde parece que todo lo que hago se usará en contra mía. Sin embargo, tu omnipresencia, tu estar en todas partes, más bien me debe traer consuelo. Pues no importa si estoy en el desierto más abandonado o en la ciudad más concurrida, si estoy oculta entre las sombras o en medio del mar, tú me ves. En pocas palabras, no te soy indiferente, ni me pasas por alto. Tus ojos se detienen en mí, se fijan en mí y avalan que soy importante porque soy tu criatura y tu hija. Gracias, Señor Jesús, porque estás al tanto de mí.

Omnisciente

Ni la Muerte ni la Destrucción ocultan secretos al Señor, ¡mucho menos el corazón humano! Proverbios 15:11 (NTV)

Padre nuestro que estás en el cielo, no hay nada oculto delante de ti. No existe el secreto del corazón más reservado que no conozcas. Nuevamente, esta cualidad tuya podría hacerme sentir controlada y vigilada, como si una inteligencia artificial moviera los hilos de mi vida como a un títere. Sin embargo, el saber que tú penetras mi corazón para comprender y escuchar cada gemido, cada risa y cada pensamiento, debe provocar gozo en mí. Porque solo tú puedes entender mis desastres mentales aun cuando yo todavía no los logro procesar. Tú compartes mis gozos más profundos incluso cuando me cuesta expresarlos. Tú, Señor, has vencido la muerte y la destrucción y, por lo tanto, tienes derecho a saber qué pienso y maquino. Renueva mi mente.

Soberanía

No te excuses diciendo: «Ay, no lo sabíamos».
Pues Dios conoce cada corazón y él te ve. El que
cuida tu alma sabe bien que tú sabías. Él pagará a
cada uno según merecen sus acciones. Proverbios
24:12 (NTV)

Oh, Soberano Señor, tú eres el Rey legítimo del universo y puedes gobernar como bien te parezca, sin cuestionamientos, sin limitaciones, sin necesidad de rendir cuentas y, por lo tanto, sin que te ofrezcamos resistencia. Sin embargo, en nuestra sociedad democrática esto resulta difícil de aceptar y entender. Lo maravilloso es que tú no eres un rey déspota e imperfecto como los que han dominado sobre la tierra, sino uno justo e inmutable, bueno y paciente, misericordioso y amable. Así que agradezco y me someto a tu soberanía, porque sé que en ti puedo confiar. Tú eres el Rey del mundo.

Fortaleza

Fortaleza para el íntegro es el camino del Señor, pero ruina para los que obran iniquidad. Proverbios 10:29 (LBLA)

Soberano Dios, tú eres una fortaleza invisible para los íntegros, los que sinceramente deseamos agradarte y someternos a tu autoridad. Eres ese baluarte y ciudad amurallada que nos protege en los momentos difíciles, y que silenciosamente nos mantiene de pie en el día malo. Por otra parte, eres un obstáculo misterioso e inexplicable para los que rechazan tu plan y buscan frustrar tus planes. Gracias, porque, sin importar la oposición, tus objetivos se cumplirán en el mundo. Puedo descansar en el hecho de que, como dices en Jeremías, tus planes «son para lo bueno y no para lo malo, para [darnos] un futuro y una esperanza» (Jeremías 29:11, NTV).

Paz con otros

Cuando el Señor aprueba la conducta de un hombre, hasta con sus enemigos lo reconcilia. Proverbios 16:7 (NVI)

Poderoso Señor, tu poder es tanto que puedes honrar a los que te agradamos al cambiar las actitudes de aquellos que sienten enemistad hacia nosotros, muchas veces debido a nuestras creencias. Pienso cómo le diste gracia y favor a José delante de Potifar, del jefe de la cárcel y del mismo faraón. A Daniel le mostraste misericordia al permitir que gobernara junto a hombres autocráticos como Nabucodonosor y Darío, quienes incluso lo llegaron a apreciar. A Ester le diste gracia ante el rey Asuero, quien la amó y procuró el bien de su pueblo. Tantos ejemplos de gracia me recuerdan que tú harás lo mismo por mí cuando sea necesario. Por ello, te doy las gracias.

Río dirigido

El corazón del rey es como un arroyo dirigido por el Señor, quien lo guía por donde él quiere. Proverbios 21:1 (NTV)

Soberano Padre, en este proverbio me dices que el corazón del rey, su parte interna que comunica actitudes y políticas, edictos y leyes, es dirigido por ti. Pareciera que él está a cargo, pero el asunto entero, de principio a fin, está controlado silenciosamente por tu soberanía. Sé que esto a veces me causa incomodidad y perturbación. ¿Cómo puedes permitir que los reyes y gobiernos hagan tanto mal? Sin embargo, tu soberanía va de la mano con la libertad que has dado al hombre, y no usurpas la voluntad humana. Si bien todos los eventos permanecen bajo tu control, los gobernantes eligen seguirte o no, y darán cuenta de sí mismos delante de tu presencia. Todos compareceremos delante de tu trono, así que danos temor y temblor por hacer lo correcto.

Sumisión

Al hombre le parece bueno todo lo que hace, pero el Señor es quien juzga las intenciones. Proverbios 16:2 (DHH)

Me someto a ti, Soberano Señor. Es la sumisión la disciplina espiritual que me libera de la carga de siempre querer salirme con la mía. Aprendo de la sumisión que no debo aferrarme a ninguna cosa ni idea, sino vivir con las manos abiertas, dispuesta a recibir o despojarme de lo que tú deseas. Quiero orar como el viejo himno que dice: «Cautívame, Señor, y libre yo seré; anhelo ser un vencedor, rindiéndome a tus pies». Quiero llegar al momento cumbre de poder decir, como hizo mi Señor Jesús en su momento de más aflicción: «No sea como yo quiero, sino como tú» (Mateo 26:39, RVR60).

ORACIONES

para personas

en mi vida

Gratitud por los amigos

El hombre que tiene amigos ha de mostrarse amigo; y amigo hay más unido que un hermano. Proverbios 18:24 (RVR60)

Señor, ha habido temporadas en mi vida que he estado lejos de la familia. También hay ocasiones en que mis parientes no me han comprendido. Pero gracias, porque en dichas ocasiones, me has dado amigos. Gracias por el lindo regalo de la amistad, una relación que se alimenta de las coincidencias las experiencias similares y del «¿tú también?». Gracias por los tiempos que hemos podido pasar juntos celebrando y llorando, descargando el corazón y alimentando el alma. Gracias porque las buenas amistades han moldeado mi vida y me han hecho una persona mejor. Muchas gracias.

Constancia

En todo tiempo ama el amigo, y es como un hermano en tiempo de angustia. Proverbios 17:17 (RVR60)

Gracias, Señor, por la lealtad y la constancia de los amigos. Un amigo ama en todo tiempo, en lo bueno y en lo malo. En esta sociedad, los amigos piensan en las relaciones como transacciones donde se ofrece compañerismo para obtener algo y, cuando ya no es útil, se descarta. Pero los verdaderos amigos son fieles sin importar las circunstancias. Las mejores amistades llevan tiempo, así que ayúdame a conservar los amigos que tengo y a dar de mí para ser un amigo que siempre es afectuoso y presente. Permite que sea una amiga que también esté disponible y sepa dar prioridad a mis amigos en los tiempos de angustia. Amén.

Transparencia

Las heridas de un amigo sincero son mejores que muchos besos de un enemigo. Proverbios 27:6 (NTV)

Fieles son las heridas de un amigo, Padre celestial. Sé que mis verdaderos amigos me amonestarán y me dirán las cosas que necesito escuchar, aunque sean dolorosas. Por eso, quiero ser también una amiga que no tenga miedo de decir lo necesario, incluso cuando esto implique un tiempo complicado. No quiero ser una amiga que halaga por halagar, o siempre quiere quedar bien, sino una que ama como tú nos amas, y que, por eso, está dispuesta a ser transparente y vulnerable. Reproduce en mí el carácter de Cristo que mostró ese amor sincero, leal y directo con sus discípulos. Amén.

Hierro con hierro

Hierro con hierro se aguza; y así el hombre aguza el rostro de su amigo. Proverbios 27:17 (RVR60)

Gracias, Señor, por los consejos de mis amigos. También gracias por esta relación de reciprocidad. Sé que los terapeutas, los maestros, los jefes dan instrucción y consejo, pero a veces yo no puedo hacer lo mismo de regreso. La amistad es hermosa porque podemos recibir y dar de la misma manera. Todos necesitamos esas relaciones en que podamos otorgar consejo, pero también escucharlo, y ciertamente a veces será dulce y placentero, en otras filoso y doloroso, pero sé que me ayudará a crecer y parecerme más a Cristo. Enséñame a conservar las amistades que tengo que son así, y si he perdido a mis amigos por distancia o circunstancias, dame una nueva oportunidad de mostrarme amiga.

El mejor amigo

El perfume y el incienso alegran el corazón; la dulzura de la amistad fortalece el ánimo. Proverbios 27:9 (NVI)

Señor Jesús, hoy quiero darte las gracias por tu amistad. Eres el mejor amigo que podré tener. Eres un amigo constante, que ama en todo tiempo. Eres leal, pues no fallas ni traicionas. Eres buen consejero, pues hablas verdad a mi corazón. Pero, sobre todo, eres un amigo que se entrega. Dice tu Palabra que no hay mejor amigo que aquel que esta dispuesto a dar su vida por el otro. Tengo muchos amigos, pero dudo que ellos dieran la vida por mí. Soy amiga de muchos, pero difícilmente me sacrificaría en su lugar. Tú, sin embargo, te diste en la cruz para pagar por mis pecados y mostrarme la más profunda forma de amistad. Mi gratitud es inmensa y te alabo infinitamente. Gracias, Jesús, por la dulzura de tu amistad, una que me fortalece y me renueva cada día.

Enseñar bien

El padre de hijos justos tiene motivos para alegrarse. ¡Qué satisfacción es tener hijos sabios! Proverbios 23:24 (NTV)

Padre bueno, tenga o no tenga hijos, puedo aprender de los proverbios. La sociedad dice que debo criar hijos felices u obedientes, pero este proverbio me recuerda que uno de los deberes de los padres es buscar tener hijos sabios. Para que esto suceda debo enseñarles cómo hacerlo, pues no sucederá de la noche a la mañana sin hacer nada. Por eso, si tengo hijos, sin importar su edad, ayúdame a buscar un tiempo en que podamos sentarnos como familia para orar juntos y leer tu Palabra. Si aún no tengo hijos, pero hay niños en mi círculo de influencia, provee de oportunidades para que hablemos de temas importantes con base en las Escrituras. Sé que es difícil competir con las redes sociales, pero no imposible. Dame la inteligencia para hacer esto bien.

Deleite

Alégrense tu padre y tu madre, y gócese la que te dio a luz. Proverbios 23:25 (RVR60)

Padre y Creador del gozo, tú te deleitas en nuestras alabanzas. Tú te gozas en la salvación de cada persona y ríes con los ríos y el mar. Recuérdame que la paternidad también debe ser un lugar de constante asombro y descubrimiento, donde todos nos podemos alegrar al observar un hormiguero o conversar sobre las grandes galaxias. Permite que provea un ambiente seguro y agradable, donde la disciplina conviva con la diversión, donde las responsabilidades vayan de la mano con los beneficios. Ayúdame a deleitarme en mis hijos, pero te pido que ellos también se gocen conmigo. Que nuestro hogar sea caracterizado por el amor incondicional que todo lo sufre, todo lo cree, todo lo espera, todo lo soporta, y donde todos podemos reír.

Disciplina

Hijo mío, no desprecies la disciplina del Señor, ni te ofendas por sus reprensiones. Proverbios 3:11 (NVI)

Padre de toda buena dádiva, tú nos disciplinas y corriges cuando es necesario. Los padres debemos hacer lo mismo con nuestros hijos. Enséñame a no rechazar tu disciplina pues detrás de ella hay amor y compasión. En un hogar donde se enseña sabiduría y hay deleite mutuo, también deben existir límites y consecuencias cuando estos son traspasados. Permite que pueda yo impartir esta disciplina con cuidado, con control, aunque las consecuencias en el momento sean poco placenteras. Pero sé que, si hoy hago bien mi labor, evitaré que mis hijos más tarde experimenten castigos y resultados que conducen a la muerte. Que la disciplina que ejerzo sea como la tuya, que busca el fruto del arrepentimiento y de la madurez, y no una que destruya el alma.

Integridad

Los justos caminan con integridad; benditos son los hijos que siguen sus pasos. Proverbios 20:7 (NTV)

Padre perfecto, tú eres un ejemplo en todo sentido sobre cómo vivir. Del mismo modo, quiero ser un ejemplo para mis hijos. La mejor manera de enseñar a mis hijos cómo ser sabios es siendo yo un fiel seguidor tuyo. Por lo tanto, dame palabras sabias para instruirlos. Corrige mi vida para ser un ejemplo consistente de la fe en ti. Y, sobre todo, ayúdame a atesorar a mis hijos; que sean el objeto de mi amor incondicional. Sé que la clave para una vida espiritual saludable no es solamente nuestra asistencia a una iglesia, o el devocional familiar o disciplina firme, sino que mis hijos sepan que pueden hablar conmigo de cualquier tema porque los amo, y más que juzgarlos, quiero ayudarlos. Por eso, felices son los hijos de quien ha vivido con rectitud y honradez. Que sea una realidad en mi vida.

La vara

La necedad está ligada en el corazón del mucha-
cho; mas la vara de la corrección la alejará de él.
Proverbios 22:15 (RVR60)

Padre justo, a veces hay confusión en mi corazón sobre el tema de la disciplina. Por esto, te pido que me
des sabiduría para aplicarla. Sé que mi hijo, como
todo ser humano, es propenso al mal. Desde que
nació veo la rebeldía que todos traemos. Por eso,
sé que es necesario impartir la disciplina, y que sobre todo en la tierna infancia, a veces debe ser física
para que sea comprendida. Ayúdame a no castigar
nunca cuando esté yo molesta y enfadada, pues me
dejaría guiar por mi ira y no por el amor. Permíteme controlarme antes de impartir la sanción para
hacerlo con firmeza y serenidad. Guíame para luego proveer el consuelo necesario y la instrucción
correspondiente. Sé, por experiencia personal, que
la reprensión dada en calma y basada en el cariño
trae buenos frutos. Dame la sabiduría para aplicarla
bien. Amén.

ORACIONES

para justicia

Bendición por la ciudad

La bendición de los justos enaltece la ciudad, pero la boca de los malvados la destruye. Proverbios 11:11 (NVI)

Señor, hoy bendigo mi ciudad. Te pido que este lugar prospere por los justos que en ella habitan, es decir, tus hijos que te siguen y honran. Permite que andemos en integridad para beneficio de la sociedad. Haznos trabajar con alegría y honestidad para que esta ciudad prospere. No permitas que nuestras palabras destruyan el lugar donde vivimos. Mi oración es que cada miembro de mi familia y de mi comunidad de fe hagan una palpable diferencia en nuestro entorno. Que otros digan: «No compartimos su fe, pero ¿qué haríamos sin ellos?». Y que en ese sentir se acerquen a ti y reciban la justificación por fe que nos hace personas diferentes y rectas.

Por los gobiernos

Los que siembran injusticia cosecharán desgracia, y su régimen de terror se acabará. Proverbios 22:8 (NTV)

Señor de los ejércitos, hoy pido por nuestras autoridades y gobiernos, todos los que tienen el poder de tomar decisiones sobre el rumbo de mi país. Te pido que siembren justicia y no injusticia. Justicia implica ofrecer el mismo trato a los ciudadanos sin importar su estatus racial, social o económico. Te ruego que atiendan a las viudas y huérfanos, migrantes y pobres. Permite que busquen las maneras de repartir equitativamente las riquezas y que rectifiquen sus caminos si es que han errado en este sentido. Comprendo que muchos en eminencia no son tus hijos, así que pido que la luz del Evangelio brille en ellos también, pues solo por medio de tu Espíritu podrán dejar el error y hacer justicia. Amén.

A favor de otros

Habla a favor de los que no pueden hablar por sí mismos; garantiza justicia para todos los abatidos. Proverbios 31:8 (NTV)

Justo Señor, quiero levantar la voz por los que no tienen voz. Quiero defender a los que no pueden hacerlo por sí mismos. Permite que hable a favor de los pobres e indefensos y me asegure de que se les haga justicia. Quizá no pueda lograr mucho en las grandes esferas; tal vez no tenga una influencia global. Sin embargo, en mi pequeño cosmos puedo hacer la diferencia. Puedo abogar por el discapacitado y cuidar del desvalido. Ya no quiero ser una espectadora indiferente, sino alguien que se enfrente al agresor y proteja a la víctima. Quiero ser como tú, mi Abogado delante del trono de Dios, al que no tendría acceso si no fuera por tu misericordia. Dame la fuerza para actuar.

A los sentenciados

Libra a los que son llevados a la muerte; salva a los que están en peligro de muerte. Proverbios 24:11 (RVR60)

Dios de Justicia, tantos hoy están condenados a morir espiritualmente por causa del pecado. Miro a tantos de ellos tambalearse hacia la muerte. Sé que yo no los puedo rescatar, pero puedo guiarlos a quien sí puede: a ti. Abre mi boca para compartir tu Evangelio con los demás. Quítame el miedo y la vergüenza de ser señalada o rechazada. Yo un día también me encaminé a la muerte, pero te agradezco porque hubo alguien que se atrevió a compartir conmigo sobre la fe en ti. Sé que si callo, alguien más hablará. Si me excuso y digo que no sabía, me miento a mí misma. Abre mi boca para hablar de tu mensaje, el único que les puede salvar del peligro de muerte. Amén.

Hacer el bien

No te niegues a hacer el bien a quien es debido, cuando tuvieres poder para hacerlo. Proverbios 3:27 (RVR60)

Señor, me has dado más de lo que necesito. Tengo comida, y a veces sobra. Cuento con ropa, y no uso toda. No quiero dejar de hacer el bien a todo el que lo merece cuando esté a mi alcance ayudar. ¿Y quién lo merece? Mi prójimo. ¿Y quién es mi prójimo? El ser humano más próximo, sea mi familiar o un desconocido, mi enemigo o un amigo. La cultura en la que vivo me dice que el dinero que gano es mío. Pero la realidad es que todo proviene de ti. Perfora mi corazón con esta verdad para poder hacer el bien, pues ¿qué hubiera hecho yo si Jesús no baja a esta tierra para salvarnos? Cuando esté a mi alcance ayudar, quiero hacerlo.

Respeto a los padres

Hay generación que maldice a su padre y a su madre no bendice. Proverbios 30:11 (RVR60)

Padre eterno, vivo en una generación que ha menospreciado a sus padres. Muchas veces, cuando los padres llegan a la adultez, se les desprecia y se les manda a hogares de retiro y no se vuelven a visitar, sino que se quedan en el olvido. No somos agradecidos, ni obedecemos tus mandatos de honrar a los que nos criaron. Por eso, te pido sabiduría en mi trato con mis padres, mis abuelos y los adultos mayores en mi vida. En lugar de verlos como un estorbo, lléname de amor para con ellos. Ayúdame a recordar lo que han hecho a mi favor y a cuidarlos con misericordia; a tratarlos como yo quisiera ser atendida cuando la salud me falle. También te pido por mi generación, es decir, mis contemporáneos. Que bendigamos a nuestros padres en todo momento.

¿Limpios?

Hay generación limpia en su propia opinión, si bien no se ha limpiado de su inmundicia. Proverbios 30:12 (RVR60)

Santo Señor, vivo en un tiempo en que la gente se considera pura en su propia opinión, pero en realidad están sucios y no se han lavado. Esta supuesta limpieza proviene de que hemos dejado de llamar al pecado como lo que es, etiquetándolo de «estilo de vida», «preferencia» o «un derecho». En el proceso, nuestras suciedades han aumentado y hemos añadido más faltas a nuestra lista. Quiero, por lo tanto, reconocer que el pecado es lo que nos separa de tu santidad y contamina toda relación humana; el pecado distorsiona la verdad y nos hunde cada vez más en el orgullo y el egoísmo. Por eso, como oraba David, lávame más y más de mi maldad, y límpiame de mi pecado. Y permite que mi generación se dé cuenta de su necesidad de perdón y acuda a ti en humildad.

Párpados

Hay generación cuyos ojos son altivos y cuyos pár-
pados están levantados en alto. Proverbios 30:13
(RVR60)

Somos arrogantes, Señor Jesús. Mi generación presume de su uso de la tecnología y sus avances cientí-
ficos. Nos creemos capaces de conquistar el espacio,
pero no hemos logrado domar el corazón racista y
despreciativo. Miramos con desdén a las generacio-
nes pasadas, sin reconocer que no hemos mejorado
en nuestra convivencia. Por eso, humíllanos, Señor.
Así como oraba Nehemías, reconocemos que somos
esclavos en una tierra de abundancia. Nos creemos libres, pero estamos atrapados por nuestra soberbia. Hemos pecado grandemente, y nos has dado
solo lo que merecemos. Pero por tu abundante misericordia, haznos doblar nuestras rodillas y poner
nuestro rostro sobre la tierra en señal de que doble-
gamos nuestra mente y nuestro corazón ante ti.

Espadas y cuchillos

Hay generación cuyos dientes son espadas, y sus muelas cuchillos. Proverbios 30:14 (RVR60)

Señor Omnipotente, hago mía la oración de Esdras. Estoy totalmente avergonzada y me da vergüenza levantar mi rostro a ti pues nuestros pecados son muchos. Hemos vividos sumergidos en la maldad. Hemos matado, robado y deshonrado como sociedad. Hemos hecho de la violencia un pasatiempo; hemos justificado el asesinato de inocentes; hemos premiado y elevado a la fama a los criminales. Señor, ¿qué podemos decir ante semejantes cosas? Ciertamente hemos sido castigados por nuestra perversión y culpa, pero, en realidad, el castigo que recibimos es mucho menor de lo que merecemos. Oh, Dios, tú eres justo. Nos acercamos a ti para confesar que, en semejante condición, no podemos estar delante de tu presencia. Pero agradecemos porque, por medio de Cristo, somos limpios y perdonados. Amén.

Devoradores

Devoran al pobre de la tierra y a los necesitados de entre la humanidad. Proverbios 30:14 (NTV)

¿Hasta cuándo, Señor? ¿Hasta cuándo permitirás que los malos habiten la tierra sin sufrir las consecuencias de sus atrocidades? Clamo a ti porque hay tantas injusticias y mi corazón se encoge de solo ver cómo pisoteamos al pobre y abusamos del débil. Mis entrañas arden cuando leo de gente que trafica con personas o abusa de menores. ¡Y esto incluso ocurre dentro de las comunidades de fe! Me uno a los gemidos del profeta Habacuc, pues sé que eres grande y justo. Así que esperaré en silencio el día venidero, cuando la catástrofe golpee a los malos. Mientras tanto, a pesar de todo, me gozaré en ti, el Dios de mi salvación.

Lo que no debo hacer

Cuando cayere tu enemigo, no te regocijes, y cuando tropezare, no se alegre tu corazón. Proverbios 24:17 (RVR60)

Señor Jesús, tú también tuviste enemigos, personas que te odiaban o que te lastimaron y no se arrepintieron, sino que buscaron cada oportunidad para herirte. Quizá, del mismo modo, hay personas en mi vida que me han hecho mal y me siguen atormentando. Pero tú me dices que no me deleite cuando vea que ellos caigan. Me adviertes a no ponerme contenta cuando mis enemigos tropiecen. Sé que hacerlo indica que en mi corazón hay resentimiento y amargura, y quiero estar libre de esas cadenas que solo me atan y me impiden gozarme y crecer. Aunque sea difícil, ayúdame en tus fuerzas a poder orar por los que me agreden, como hiciste tú y como hizo Esteban. Quiero poder decir: «No les tomes en cuenta este pecado». Amén.

Por qué no lo debo hacer

No sea que el Señor lo vea y le desagrade, y aparte de él su ira. Proverbios 24:18 (LBLA)

Señor Jesucristo, he leído que no debo alegrarme ni hacer fiesta por los tropiezos y caídas de mi enemigo, pero hay una razón. Cuando no me libro del resentimiento, usurpo tu lugar como Juez Supremo de todas las personas. Al regodearme de la pena de otro, acepto la calamidad como la justicia. En otras palabras, mi conducta pecadora de venganza me hace olvidarme del amor que tú me has enseñado. Sé que no soy la única que carga heridas e injusticias, pero eso no me excusa. Quiero ser limpia de esta toxina que neutraliza, envenena y mata. Por eso, ayúdame, Jesús, a ser como tú, quien aun en la cruz perdonó a sus enemigos y buscó reconciliarnos con el Padre.

La justicia es de Dios

Muchos buscan el favor del gobernante, pero la justicia proviene del Señor. Proverbios 29:26 (NTV)

Dios de justicia, todos buscamos que se haga lo correcto porque es una cualidad que viene de ti. Tú eres justo. Tú das a todos conforme a las obras de cada uno. Por eso, te cedo a ti el derecho de hacer justicia contra los que me han hecho daño. Tú me das la firme seguridad de que harás justicia en este mundo y en mi vida y que tu rol como absoluto Juez se cumplirá en tu tiempo. Esta promesa me da la libertad de soltar los resentimientos del pasado y de confiar en que tú te encargarás de ajustar cuentas y poner las cosas en orden. Dejo así lugar a tu ira, para que haga su trabajo. Sí, Señor, no quiero tomar mi propia venganza. Tú has prometido: «Yo pagaré». Así sea.

Lugar para la misericordia

El que encubre sus pecados no prosperará; mas el que los confiesa y se aparta alcanzará misericordia. Proverbios 28:13 (RVR60)

Padre de misericordia, he orado para que me ayudes a no aferrarme a la venganza sino a dejar lugar para tu justicia. Pero sé que de la mano de tu justicia viene la misericordia. Y sé que es, a final de cuentas, algo que debo desear también. Yo misma he experimentado tu grande compasión que me ha salvado a pesar de lo mucho que he pecado contra ti. Me has limpiado y lavado siendo yo una gran pecadora. Del mismo modo, dejo lugar para que tu misericordia actúe en las personas que me rodean, incluyendo a los que me han lastimado y considero mis enemigos. Te pido por ellos para que alcancen misericordia. Que no encubran sus pecados, sino que confiesen para poder experimentar tu gracia. Yo, sin ser merecedora, la he recibido. ¿Por qué no habrían de gozar tu perdón ellos también?

Perdón

Cuando se perdona una falta, el amor florece, pero mantenerla presente separa a los amigos íntimos.
Proverbios 17:9 (NTV)

Padre amado, tú me enseñas que perdonar es una decisión, una crisis de la voluntad. Requiere que haga algo que va en contra de mí misma. Perdonar implica estar de acuerdo en que viviré con las consecuencias del pecado de otro. Pero si no perdono, me hago daño a mí misma. Cuando perdono, el veneno del resentimiento se va y la gracia neutraliza mis deseos de venganza. Cuando perdono y cedo mis derechos a tu justicia, también abro la puerta a que la misericordia pueda entrar y obrar en mi enemigo. Cuánto me cuesta perdonar, Padre. Pero, así como tú me has perdonado tanto, quiero hacer lo mismo. El perdón es una de las muestras más visibles de tu presencia en mí. Y yo quiero ser como tú.

ORACIONES

para la armonía
y serenidad

Edificar

La mujer sabia edifica su casa; mas la necia con sus manos la derriba. Proverbios 14:1 (RVR60)

De todos los males que erosionan nuestra paz, no hay ninguno más doloroso que la falta de armonía en el hogar. No quiero vivir donde hay peleas, rencores, gritos, violencia y soledad, Señor. El hogar debería ser un refugio de los peligros del mundo y un oasis en el desierto. Ayúdame, por lo tanto, a ser esa mujer sabia que construye su hogar. Sé que de mí depende en mucho la estabilidad de la familia. Quizá no crecí en un hogar así o parece que mi actual situación no tiene remedio. Pero quiero que mi casa se edifique en mi relación personal contigo. Sé que aún habrá desacuerdos, pero que tu Palabra sea siempre el árbitro de mis decisiones. Amén.

Sabiduría y sano juicio

Una casa se edifica con sabiduría y se fortalece por medio del buen juicio. Proverbios 24:3 (NTV)

Gracias, Señor, por mostrarnos los dos pilares en que descansa un hogar: la sabiduría y el buen juicio. Danos de la sabiduría que necesitamos para comprometernos a tomar decisiones que se basen en tu Palabra y tus planes. Pero también danos entendimiento o sano juicio, que implica observar y discernir cuando tengamos que elegir entre varias opciones. Que esta prudencia nos lleve a proveer y dar seguridad a la familia. En otras palabras, que cada miembro de mi hogar cumpla con su función y responsabilidad para que todo funcione en armonía. En lo particular, muéstrame cuál es mi rol y dame fuerzas para cumplirlo.

Embellecer el hogar

Con conocimiento se llenan sus cuartos de objetos valiosos y de buen gusto. Proverbios 24:4 (DHH)

Quiero edificar mi casa, Señor, con los cimientos del temor a ti. Deseo levantar muros formados por la sabiduría y el buen juicio. Pero, como dice este proverbio, quiero adornar las habitaciones con tesoros y cosas preciosas y agradables por medio del conocimiento. En otras palabras, permite que al conocer a mis seres queridos nuestras relaciones se fortalezcan y embellezcan nuestro hogar. Ayúdame a reconocer el temperamento de cada miembro, así como sus aptitudes, fortalezas, debilidades y talentos. Danos oportunidades para conversar, preguntar y pasar tiempo juntos aprendiendo el uno del otro. Y que, al descubrir nuestros sueños, intereses y talentos, miedos y tristezas, nos apoyemos mutuamente a ser mejores y llenar nuestros cuartos de bellos y extraordinarios tesoros.

Digna

Una esposa digna es una corona para su marido, pero la desvergonzada es como cáncer a sus huesos. Proverbios 12:4 (NTV)

Dios Todopoderoso, permite que sea una corona, es decir, un motivo de honor para mi pareja. Sé que tengo el poder de edificar y fortalecer a mi cónyuge. Pero tengo el mismo poder para quebrantarlo o humillarlo y ser como un cáncer en sus huesos. Permite que vea las cosas buenas que mi pareja tiene más que sus defectos. Que mis palabras lo animen, más que desanimarlo. Que de un modo recíproco nos construyamos más que derribarnos. Ayúdame, Dios, a traer honor a mi cónyuge y adornar su cabeza, como hace una corona que confiere realeza y dignidad. Amén.

Rencillas

Mejor es vivir en un rincón del terrado que en una casa con mujer rencillosa. Proverbios 21:9 (LBLA)

Príncipe de Paz, ¡cuántos proverbios hablan de la mujer que busca pleitos! He conocido personas así y es preferible vivir en un desierto que rodeado de personas que constantemente reclaman, se quejan, cuestionan las motivaciones y el carácter de los demás, o dan comentarios cínicos que conllevan al disgusto. Sé que caigo una y otra vez en esta fea costumbre de mostrar mi descontento y enumerar las cosas que están mal en mi vida. Comprendo, también, que esto se vuelve un peso sobre los hombros de mis hijos y mi cónyuge. Por lo tanto, te ruego que transformes mi interior en una fuente de gratitud, y si no tengo nada bueno para decir, mejor ayúdame a callar y, en el proceso, convence a mi mente de no pecar y no quejarme.

Palabras serenas

El verdadero sabio emplea pocas palabras; la persona con entendimiento es serena. Proverbios 27:17 (NTV)

Señor, dame palabras serenas para comunicarme con otros. La paciencia nos da tiempo para escuchar, para que los ánimos se tranquilicen y para que pensemos antes de hablar. Padre bueno, tú no le hablaste a Elías en un terremoto o en fuego, sino en silbo susurrante y apacible. Señor Jesús, tú, en medio de mucha aflicción y gran provocación, hablaste con prudencia e inteligencia. Espíritu Santo, controla hoy mi lengua para refrenar mis palabras y ahorrar mis comentarios. Aun cuando la ira me quiera provocar o el pecado vencer, haz mis palabras tranquilas y llenas de gracia. Lo pido con todo el corazón. Amén.

Pocas palabras

El que mucho habla, mucho yerra; el que es sabio refrena su lengua. Proverbios 10:19 (NVI)

Sé, Señor, que hablar demasiado conduce al pecado. Quiero ser prudente y mantener la boca cerrada, pero me cuesta mucho trabajo. La realidad es que me gusta escucharme a mí misma. Me he acostumbrado a dar rodeos y querer llamar la atención. Pero tú me enseñas que entre más hablo, más errores cometo. Entre más hablo, menos escucho a los demás. Entre más hablo, más parezco preocuparme solo de mí misma, porque quizá sea el caso. Ayúdame, Señor, a ser sencilla. Controla mi lengua y ayúdame a ser económica con mis palabras. Que cada una de mis palabras cuente y sea la correcta en el momento adecuado. Amén.

Joyas de oro

La crítica constructiva es, para quien la escucha, como un pendiente u otras joyas de oro. Proverbios 25:12 (NTV)

Que mis palabras sean como joyas de oro, Señor Jesús. Que las sugerencias o reprensiones que salgan de mi boca adornen a los demás. Que los consejos sabios que he recibido en mi vida sean los aretes, los brazaletes y los collares que luzco cada día. Enséñame a reconocer la crítica destructiva de la constructiva, y a buscar siempre la segunda. Pues la primera quizá parezca una joya real, pero a final de cuentas es solo plástico pintado y corriente. Sin embargo, una joya de oro fino es difícil de encontrar pues requiere las altas temperaturas del amor y el cincel de la sabiduría. Pero ¡qué diferencia es lucir un pendiente de oro a uno de fantasía!

Palabras que sanan

Las palabras dulces son un panal de miel: endulzan el ánimo y dan nuevas fuerzas. Proverbios 16:24 (DHH)

Me acuerdo de la historia de Jonatán que creía desfallecer en batalla y, al comer un poco de miel, sintió sus fuerzas renovarse y «brillaron sus ojos» (1 Samuel 14:27). Del mismo modo, Señor, que mis palabras también sean suaves al alma y medicina para los huesos. Te pido que cada vez que esté con amigas, familia o incluso desconocidos, mis palabras sean de ayuda a quienes me escuchan. Alrededor de mí hay personas con muchas necesidades y con mis palabras puedo compartir la «miel» de tu Evangelio. No permitas que mi miedo o indiferencia, mis muchas ocupaciones o egoísmo me impidan darme cuenta de estas oportunidades. Unge mis labios para que lo que diga sea un panal de sanidad. Amén.

El origen de las buenas palabras

El corazón del sabio hace prudente su boca, y aña-
de gracia a sus labios. Proverbios 16:23 (RVR60)

Del corazón surgen las buenas y las malas palabras, Señor. Esto me enseñas en tu Palabra. La boca solo habla de lo que llena el corazón. No basta mi fuerza de voluntad, sino que necesito un corazón puro. Por lo tanto, quiero, Señor, que mi corazón se centre solo en ti. Ayúdame a prestar atención al alimento que proveo a mi corazón pues eso, tarde o temprano, saldrá por mis labios. Líbrame de la comida chatarra que veo en videos o programas, que escucho en chismes y mentiras. Más bien, dame la fuerza para alimentarme sanamente de todo lo que es bueno, verdadero, justo y digno de respeto. Que tu Palabra sea mi principal fuente de conversación. Amén.

ORACIONES

para cada día

El gobierno total de Dios

Puedes hacer todos los planes que quieras, pero el propósito del Señor prevalecerá. Proverbios 19:21 (NTV)

Oh, Padre, anhelo tu guía para cada decisión que tome, pero gracias por recordarme que tu plan para el mundo y mi vida ya están en acción. Esto me consuela. Sin importar lo que otros quieran o pretendan, tus propósitos prevalecerán. Gracias, Señor, porque puedo confiar en tu soberanía, es decir, en el absoluto, total gobierno y control tuyo sobre todas las cosas, incluida mi vida y todo lo que pase en ella. A pesar de todo lo que suceda y lo que los malos pretendan, tu voluntad permanecerá. Descanso en esta realidad, Señor: tú eres el único gobernante del universo. Amén.

El siguiente paso

De Jehová son los pasos del hombre; ¿cómo, pues, entenderá el hombre su camino? Proverbios 20:24 (RVR60)

Señor, muchas veces no entiendo todo lo que pasa, pero confío que tú diriges mis pasos. Comprendo, también, que a mí me pertenecen los planes del corazón. Me permites tener iniciativa y soñar. También me recuerdas que mis elecciones incorrectas traerán dolor y problemas. Sin embargo, aun cuando parezca que todo hago mal y echo a perder mi vida, tu plan está por encima y puedes corregir mi camino. Así que, Dios de la eternidad y el tiempo, aunque no puedo comprender totalmente estas verdades, con humildad pido hoy que dirijas mi siguiente paso. Yo no puedo ver el panorama completo, pero tú sí, así que confío en tu sabiduría.

Dos opciones

Los que buscan hacer lo malo, pierden el camino; los que buscan hacer lo bueno son objeto de amor y lealtad. Proverbios 14:22 (DHH)

Señor, siempre habrá dos caminos para seguir: lo malo o lo bueno. Sé que en esta época de relativismo muchos piensan que no existen los absolutos. Sin embargo, yo misma exijo de mi sociedad que se maneje con rectitud e integridad, y me entristece cuando se atropella a la justicia. Por lo tanto, comprendo que este proverbio tiene razón. Si me propongo hacer lo malo, perderé el camino como cuando tomo atajos o me distraigo con otras cosas y carezco de un mapa. Sin embargo, si me propongo hacer el bien, recibiré amor inagotable y fidelidad, que provienen de ti y de tu buena mano. Quiero elegir lo segundo.

Éxito

Pon todo lo que hagas en manos del Señor, y tus planes tendrán éxito. Proverbios 16:3 (NTV)

Creo que a veces leo este proverbio al revés, Señor. No dice que te encomiende mis planes, sino «todo» lo que haga. En otras palabras, me pides que te obedezca incondicionalmente y confíe en ti en cada área de mi vida. Cuando lo haga, encontraré la sabiduría para tomar decisiones correctas y lograr así tus objetivos. Por lo tanto, el orden correcto es encomendar este momento, esta decisión, este paso, este minuto a ti, y al actuar en mi vida, me darás los planes que estarán alineados a tus planes. Si así sucede, no tendré razones para dudar o temer. No habrá ansiedad. ¿Por qué? Porque son tus planes y proyectos, no los míos, y tú cumplirás tu propósito en mí. Cuánta paz y cuánto gozo hay al entender esto. ¿Mi parte? Tomarte en cuenta todo el tiempo.

Consejos y estrategia

Afirma tus planes con buenos consejos; entabla el combate con buena estrategia. Proverbios 20:18 (NVI)

Dios que todo lo sabes, quiero escuchar el consejo. Pero ¿cómo saber cuál? Ayúdame a escuchar a personas que también te aman y temen. Que todo lo que reciba lo ponga en la balanza de lo que tu Palabra enseña. Que nada de lo que siga vaya en contra de la consciencia que me has dado. Que logre discernir las motivaciones de mi corazón y de los que me aconsejan. Sobre todo, recuérdame que esta no es una vida solitaria o una batalla individual. Formo parte de una familia y de un cuerpo, así que quiero ser alguien que colabore, que coopere y que trabaje en equipo. Con dirección sabia se hace la guerra. No permitas que entre a la batalla sin una estrategia.

Presión

*Si en el día de la aflicción te desanimas, muy limi-
tada es tu fortaleza. Proverbios 24:10 (NVI)*

Dios Fuerte, sé que la palabra «desánimo» o «fallar»
en este contexto significa que me he relajado e ig-
norado lo que debo hacer. No es que las fuerzas se
me acaben porque estoy enfrentado muchas aflic-
ciones, sino que he descuidado mis tiempos de re-
frigerio contigo, ¡y ya no tengo fortaleza! Por eso,
comprendo que mis fuerzas son pocas y que sola no
puedo. En los problemas y en los días difíciles te necesito a ti para salir adelante. Ayúdame a no descui-
dar las cosas que me «fortalecen» y me alimentan,
para así tener reservas en el día malo. Quiero poner
como prioridad mis tiempos contigo, tanto de oración como de estudio bíblico, y así sé que no estaré
débil en el día de la angustia, sino llena de ti.

Balance

Los sabios son más poderosos que los fuertes, y los que tienen conocimiento se hacen cada vez más fuertes. Proverbios 24:5 (NTV)

Dame balance, Dios del equilibrio, para que mi vida no se vaya a los extremos, y quiero pedir por circunstancias específicas en las que fallo. Dame equilibro entre mi trabajo y el descanso. Ayúdame a no excederme en ninguno. Te ruego por equilibrio en mi tiempo a solas y mi tiempo con otros. De acuerdo con mi personalidad, siempre tiendo a preferir uno, pero requiero ambos para crecer. Provee de balance a mi necesidad de independencia y de dependencia. Si bien mi total dependencia es a ti, en mis demás relaciones permite que actúe con sabiduría. Quiero ser también equilibrada en mi amabilidad y mi firmeza. Que sepa mantener ambas a la par. Hay muchas áreas más que necesitan tu equilibrio, pero termino pidiendo por ese balance que requiero entre ahorrar y gastar. Hazme sabia, Señor.

Construir

Arregla tus negocios en la calle y realiza tus tareas en el campo, y luego podrás construir tu casa. Proverbios 24:27 (DHH)

Arquitecto del universo y de mi vida, quiero seguir el consejo de este proverbio. Deseo construir mi casa, que en cierto modo representa mi vida, con sabiduría. Y sé que para lograr diversas cosas primero debo trabajar. En esta sociedad muchos jóvenes quieren obtener cosas materiales sin esfuerzo. Existen atajos para lograr cosas que antes solo se concedían a quien laboraba bien. No deseo seguir las rutas cortas y tramposas que afectarán mi alma. Ayúdame, por lo tanto, a trabajar duro y con honestidad en mis estudios, en mi oficio, en mi profesión, pues sé que los frutos de mi labor me permitirán construir un hogar que te dé honra. Amén.

Impertinencia

Detén tu pie de la casa de tu vecino, no sea que hastiado de ti te aborrezca. Proverbios 25:17 (RVR60)

Señor, líbrame de los excesos. Como dice tu Palabra, si me alimento de mucha miel puedo llegar a vomitar. Sé que me cuesta trabajo ser prudente en mis relaciones familiares. Ayúdame a comprender la cultura: lo que es propio y lo que se considera ofensivo en el lugar donde esté. Dame discernimiento para mirar a los demás y detectar cuando es tiempo de retirarme de una reunión o cuando debo hablar de algún tema importante. No quiero ser una carga para mis familiares ni mis amigos; no deseo que eviten mi compañía porque no sé comportarme de la manera correcta. Así que sin olvidar el amor por sobre todas las cosas, quiero pasar tiempo con otros, en sana y sabia convivencia. Amén.

Lo suficiente

Primero, ayúdame a no mentir jamás. Segundo, ¡no me des pobreza ni riqueza! Dame sólo lo suficiente para satisfacer mis necesidades. Proverbios 30:8 (NTV)

Padre celestial, dos cosas te pido, las mismas que oró Agur en el libro de Proverbios. No me las niegues antes de que muera. Primero, aparta de mis labios la mentira. Sé que solo lastima y daña muchas cosas, entre ellas mis relaciones y mi reputación. En segundo lugar, no me des pobrezas ni riquezas, sino que mantenme del pan necesario. Porque pudiera que ser que el dinero en exceso nuble mi vista y haga que me olvide de ti, de quien todo buen don procede. Pero, por otra parte, si me quedara desposeída, quizá robaría, y así deshonraría tu nombre. La realidad es que tú siempre me das más de lo que pido y eres abundante en tus regalos. Dame lo suficiente para así no pecar contra ti.

ORACIONES

para ser una

mujer virtuosa

Mujer virtuosa

Mujer virtuosa, ¿quién la hallará? Proverbios 31:10 (RVR60)

¡Cuántas palabras se usan para describir a la mujer virtuosa! Capaz, completa, hacendosa, ejemplar, fuerte, valiente, perfecta e ideal. Señor, estas palabras me hacen sentir pequeña, pero al mismo tiempo, me motivan. En un mundo donde la mujer es despreciada y excluida, tú nos recuerdas que tenemos un valor especial para ti. Además, tú eres capaz de transformarnos en mujeres ejemplares. Al meditar en este canto bíblico que alaba a una mujer fuerte y valiente, abre mis ojos y mis oídos, no para compararme con ella ni desanimarme, tampoco para enorgullecerme de lo que hago bien, sino para depender de ti y dejarme moldear para ser una mujer virtuosa.

Diamantes

*Porque su estima sobrepasa largamente a la de las
piedras preciosas. Proverbios 31:10 (RVR60)*

Creador de gemas y rubíes, de perlas y esmeraldas,
tú sabes el valor de las piedras preciosas. Leí hace
poco que los diamantes son caros por su rareza. Solo
el treinta por ciento de los diamantes que se encuentran tienen la calidad de gema, y aun entre ellos, son
pocos los que muestran durabilidad. Señor, hazme
una mujer de la calidad de un diamante. Así como
las gemas tienen propiedades térmicas, dame a mí
las características que hacen a una mujer valiente,
tales como la capacidad de amar, perdonar, mostrar
bondad, ser humilde y seguir la justicia. Y cuando
empiece a desanimarme porque solo veo mis defectos y fracasos, recuérdame que no soy un simple pe-
dazo de granito, sino una gema escondida que debe
ser pulida y tallada para solo así, una vez brillante,
formar parte de tu corona.

Confiado

Su esposo confía plenamente en ella. Proverbios 31:11 (NVI)

Señor digno de honra, de gloria y de confianza, quiero ser como tú. Hoy en día nadie confía en los demás. Nos cuesta trabajo creer en las palabras del otro pues hemos sido engañados muchas veces. Desconfiamos de políticos e incluso de líderes religiosos, pero qué triste cuando en la familia tampoco existe un vínculo de confianza. Por eso, hoy te pido que me conviertas en una persona fiable y segura. Esté casada o no, que los más allegados a mí sepan que si escucho una confidencia, la sabré guardar; que si recibo un encargo, lo llevaré a cabo con excelencia; que si digo sí es sí, así como mi no es no. Sé que no puedo sola, así que te pido tu ayuda. Líbrame de la indecisión, la tirantez y la mentira. Amén.

Enriquecer

Y ella le enriquecerá en gran manera la vida. Proverbios 31:11 (NTV)

Dios y Dueño de riquezas físicas y espirituales, ¡qué gran halago es escuchar que somos personas que enriquecen la vida de los demás! Permite que aporte a mi familia ganancias y provecho, no pérdidas y dolor. Al esposo de este proverbio nada valioso le faltaba, aunque no eran multimillonarios. Más bien, su esposa era una fuente de aquello que es realmente importante y eterno, las cosas que no se venden en un mercado o un centro comercial. Del mismo modo, anhelo enriquecer las vidas de los demás prodigando sobre ellos amor y gentileza, compasión y consuelo, amistad y compañía. Gracias, Señor, por ser un ejemplo para mí al enriquecer mi vida de una manera tan abundante por medio tu salvación. A ti sea la gloria.

Corriente de amor

Ella es fuente de bien, no de mal, todos los días de su vida. Proverbios 31:12 (NTV)

Fuente de vida eterna y de toda bendición, quiero ser lo mismo para aquellos que me rodean. Deseo ser una persona sin altibajos, que procura el bienestar de aquellos a quienes ama. No quiero ser un pozo de agua que a veces cuenta con agua fresca y a veces con agua rancia. No quiero reportar pérdidas, sino ganancias. No quiero volverme una carga, sino un apoyo. Permite que sea alguien que brinde a los demás alegría y no malhumor, cariño y no indiferencia, interés y no apatía, paciencia y no exasperación. Haz de mi vida una corriente de amor, que surge del manantial de tu mismo corazón.

Buscar

Busca lana y lino. Proverbios 31:13 (RVR60)

Jesús, tú que viniste a buscar y salvar lo que se había perdido, enséñame a buscar. En primer lugar, quiero buscarte a ti de todo corazón, pues tú prometes que te encontraremos. Anhelo buscar tu presencia a lo largo del día, y quiero hacerlo intensamente, como el alma sedienta que requiere unas gotas de agua para sobrevivir. Tu Palabra dice que jamás abandonas a los que te buscan, así que acudiré a ti cada mañana, tarde y noche para recibir tu consuelo. Pero también ayúdame a buscar el bien, así como las cosas prácticas que mi familia requiere. Quiero buscar ahorrar; anhelo buscar más conexión con mis hijos; necesito buscar la paz en la familia. Por eso, sé conmigo en cada búsqueda pues tú dices: «Busquen y encontrarán».

Manos

Y con agrado trabaja con sus manos. Proverbios 31:13 (LBLA)

No menosprecio el trabajo con las manos, Señor. Al contrario, entiendo la importancia de la labor manual que va desde lavar ropa y trastes sucios, hasta sacudir, limpiar y pulir. También mis manos recorren teclas y sujetan el manubrio de un auto, pero al usarlas, quiero hacerlo con disponibilidad, diligencia y voluntad. Seguramente tú, Jesús, tallaste madera y construiste muebles con ánimo y gusto. ¿Silbabas al trabajar? ¿Orabas mientras cortabas un tronco? ¿Reías con otros trabajadores a tu lado? Dame, Señor, esa solicitud para usar mis manos, sin pensar que se agrietarán o resecarán. Las manos, al fin y al cabo, nos cuentan la historia de las personas, y quiero que la mía sea como la tuya: «Mi Padre trabaja, y yo también».

Barco mercante

Es como un barco mercante que trae su alimento de lejos. Proverbios 31:14 (NTV)

Brócoli de México, naranjas de Brasil, plátanos de Ecuador, soya de Argentina, cada visita al supermercado me recuerda que la comida ha viajado por avión, barco o camión hasta mi mesa. Pero soy yo, Señor, la que elige qué alimentos comprar. Ayúdame, por lo tanto, a ser como esa mujer virtuosa que busca los mejores precios y que se esfuerza por adquirir productos saludables y benéficos. Sé que a veces me veo tentada por los atajos de la comida rápida o chatarra, pero quiero ser una mujer de excelencia incluso en mis decisiones culinarias. Aunque esto requiera varias salidas a las tiendas o pasar más tiempo en la cocina, ayúdame a ser diligente.

Madrugada

Se levanta de madrugada y prepara el desayuno para su familia. Proverbios 31:15 (NTV)

Confieso, Padre, que no soy una persona que aprecie levantarse temprano. A veces las cobijas me tientan a quedarme más tiempo, lo que complica los horarios del resto en casa. Con hijos o sin hijos, sé que el desayuno es importante. Es la primera comida del día. Prepara mi cuerpo para lo que vendrá. Sin embargo, a veces lo menosprecio o lo esquivo. Me digo a mí misma que una taza de café es suficiente. Pero no lo es. Mucho menos en el terreno espiritual. Mi Señor Jesús se levantaba de madrugada para su «desayuno». Conversaba contigo y ponía delante de ti sus planes. Ayúdame, por lo tanto, a apreciar el oscuro amanecer y esas horas de quietud para preparar mi desayuno físico y espiritual, consciente de que los necesito.

Planificar

Y planifica las labores de sus criadas. Proverbios 31:15 (NTV)

Me ubico en los extremos, Señor. O planifico demasiado, volviéndome imposible de complacer, o no planeo nada y dejo que las cosas tomen su rumbo a solas, lo que ha llevado al desastre. Dame sabiduría para saber planificar. Dame el equilibrio para organizarme, pero ser flexible también. Que sepa balancear mis expectativas con la realidad de las cosas. Y si mis planes afectan a otros, dame compasión, empatía y sabiduría para guiar a los demás a mi cargo. No debo exigir más de lo que pueden dar, sino que quiero motivar para que den lo mejor de sí mismos. En pocas palabras, guíame antes de planificar, bendíceme al implementar los planes y prospera el resultado de lo que proyecté.

Evaluar

Considera la heredad, y la compra. Proverbios 31:16 (RVR60)

Compras compulsivas. Las conozco bien, Señor. Tengo en mi armario ropa que compré porque estaba en oferta o porque lucía bien en un maniquí o porque en el momento me gustó, pero solo la he usado una vez. Pudiera hablar de gastos e inversiones más importantes que realicé influida por otros, motivada por una promoción que resultó en engaño o timada por el vendedor. Pero la mujer sabia y virtuosa inspecciona, hace cálculos y evalúa antes de comprar. Seguramente toma tiempo para examinar y ponderar sobre el siguiente paso. Probablemente hace muchas preguntas y analiza la situación. Señor, ayúdame en esta área de mi vida financiera que tanto afecta mis relaciones personales. Quiero ser sabia con el dinero sin ser tacaña ni tontamente desprendida. Enséñame a comprar.

Libertad financiera

Con sus ganancias planta un viñedo. Proverbios
31:16 (NTV)

Señor, dame libertad financiera. Necesito sabiduría para saber trabajar, gastar y ahorrar dinero. La mitad del tiempo me quejo de que «no me alcanza», pero probablemente un vistazo a mi estado de cuenta revele que gasto en cosas innecesarias, no ahorro lo suficiente y no ofrendo a los necesitados. La mujer ejemplar compró con sus ganancias, sin pedir a otros o usar crédito. ¿Y qué compró? Un viñedo. En tu Palabra la vid es una ilustración de gozo y abundancia. Sé que, si soy sabia en mi forma de distribuir mi salario, llegará el tiempo de comprar un «viñedo», es decir, algo que me traiga gozo y que pueda compartir con los demás. Pero requiero de ti para tomar estas decisiones. Sé conmigo. Amén.

Fuerte y llena de energía

Ella es fuerte y llena de energía. Proverbios 31:17 (NTV)

Este proverbio no parece describirme a mí, Señor. La mitad del tiempo me siento cansada, sobre todo por las tardes. Hay muchas cosas que me quitan el vigor y que me cuesta eliminar. Me salto alimentos por las prisas, y esto afecta mis niveles de azúcar. Paso mucho tiempo pegada a mi celular y la luz brillante me estimula durante la noche, sin olvidar que me hace propensa a la envidia y la auto-conmiseración. La preocupación, definitivamente, también influye en mi fatiga, así como la falta de ejercicio y de contacto con la naturaleza. Señor, dame la determinación de cambiar mis malos hábitos y también fortalece mi espíritu con tu presencia y con tu Palabra. Tu gozo, Señor, es mi fortaleza. Amén.

Trabajadora

Y con ánimo se dispone a trabajar. Proverbios
31:17 (DHH)

Lunes o viernes, martes o jueves, para cada día encuentro una razón que me dificulta trabajar. Ya sea en la casa, con los quehaceres respectivos, o en una oficina o un campo laboral, en ocasiones el trabajo me agobia y me estresa. Sé, Padre, que tú eres un Dios que trabaja, y que constantemente está haciendo algo bueno y productivo por los demás. Sé, también, que el trabajo se tornó un pesar después de la caída del hombre por causa del pecado. Dame, por lo tanto, el concepto correcto sobre el trabajo y la actitud idónea para realizar mis obligaciones. Concédeme el ánimo que tantas veces requiero para siquiera comenzar, y también la energía y la perseverancia para concluir lo que empiezo.

Noche

Su lámpara no se apaga de noche. Proverbios 31:18 (RVR60)

Padre, de pequeña me gustaba que se quedara una pequeña luz encendida en algún lugar de la casa para reconfortarme. En incontables ocasiones por la noche surgen los temores y aumentan los problemas, pero qué alegría es saber que alguna mujer virtuosa, madre o abuela, hermana o tía, está ahí, con la lámpara encendida, dispuesta a consolar y escuchar. Dame sabiduría para no confundir este proverbio con desorganización y exceso de trabajo que impida mis horas de sueño, pero dame fuerzas cuando ese tiempo sea interrumpido por unos ojitos inquietos y miedosos que necesitan un abrazo y una oración. Que de noche y de día esté disponible para apoyar a los que amo. Amén.

Servicio

Con sus manos sostiene el huso y con la otra tuerce el hilo. Proverbios 31:19 (NVI)

Señor, las mujeres desde la antigüedad usaron el huso y la rueca para tejer sus prendas. Pero también usaron sus talentos para crear las vestiduras sacerdotales para el tabernáculo y el templo. Esto me recuerda que tú me has dado talentos, quizá como maestra o contadora, médico o administradora, que puedo usar también en mi comunidad de fe. Sé que en dondequiera que esté, hago las cosas para tu gloria y honra. Pero también pienso que mis conocimientos y estudios no solo benefician a otros en mi campo laboral sino también en mi iglesia. Dame, por lo tanto, disposición para utilizar lo que me has dado en toda situación.

Abrir

Tiende la mano al pobre y abre sus brazos al necesitado. Proverbios 31:20 (NTV)

Dame, Dios compasivo, un corazón que abra sus puertas y no las cierre al necesitado. Escucho tantas noticias de tragedias alrededor que a veces me vuelvo indiferente al dolor ajeno. Pero sé que yo también he estado ahí, en el momento de pérdida y tragedia, y que las manos compasivas han traído aliento a mi alma. Del mismo modo, abre mis ojos para que vean la necesidad. Abre mis oídos para que escuchen el gemido y el llanto. Abre mis labios para que intercedan por los que hoy sufren. Abre mi nariz para aspirar la podredumbre alrededor y exigir justicia. Abre mis manos para ayudar con dinero, pero también con ayuda práctica. Abre mis pies para ir a donde están los dolientes y ofrecer compañía. Abre, Dios, mi corazón, para estar dispuesta a alargar mis brazos y acoger al indefenso.

Abrigo

Si nieva, no tiene que preocuparse de su familia, pues todos están bien abrigados. Proverbios 31:21 (NVI)

Sabemos cuándo se acerca el invierno y sacamos la ropa pertinente, Señor. La mujer sabia se prepara para el cambio de estación. Pero ¿hacemos lo mismo para los grandes cambios de la vida? Ayúdame, por lo tanto, a ser sabia y equiparme para las diferentes etapas cuando estas vengan. Pienso en los grandes eventos de una mujer: la primera menstruación, el casamiento, la maternidad, el nido vacío, la menopausia, la jubilación y tantos más. En cada cambio, ayúdame a buscar el abrigo de tu presencia. Quiero aprender a decir adiós a lo que queda atrás y abrazar el nuevo momento, abrigada por tu amor y tu seguridad. Amén.

Responsabilidad

Ella misma hace sus colchas. Proverbios 31:22 (DHH)

Qué fácil es culpar a los demás, Señor. Resulta sencillo señalar al otro y enumerar los muchos errores de los que nos rodean. Pero si paso frío en el invierno, no es culpa de los demás, sino de mí misma. Por eso, la mujer ejemplar hace sus propias colchas. Del mismo modo, ayúdame a aceptar mi responsabilidad en cada decisión en lugar de apuntar con el dedo al más cercano. A final de cuentas, cada uno daremos cuenta de nosotros mismos, y ninguna excusa será suficiente pues nuestros hechos mostrarán que, en cada decisión importante, nosotras somos las únicas responsables. Ayúdame a hacer mis propias colchas, Señor, y así no pasaré frío.

Vestidos

Viste con túnicas de lino de alta calidad y vestiduras de color púrpura. Proverbios 31:22 (RVR60)

Cada vez que abro el armario tomo decisiones, Señor. Dame la sabiduría para elegir el atuendo adecuado para cada ocasión. Tú que has vestido a las flores con elegancia y a las aves con plumajes coloridos, ayúdame a saber combinar colores y estilos, buscando siempre agradarte a ti y no a los demás. Aspiro a la modestia que tú describes como menos de mí y más de ti. Que mi apariencia externa sea limpia, agradable y ordenada, y la expresión exterior de mi interior. Quiero ataviarme de afecto entrañable y bondad, humildad y paciencia. Elijo los adornos de las buenas obras y de un espíritu suave y apacible. Me revisto, sobre todo, de amor, el único elemento que une a las personas en perfecta armonía. Amén.

Pareja

Su marido es conocido en las puertas, cuando se sienta con los ancianos de la tierra. Proverbios 31:23 (RVR60)

Gracias, Señor, por mi pareja. Hoy te pido que sea yo de buena influencia para su vida y que él pueda realizar su trabajo sin tener que preocuparse por mí. Que sepa que yo estoy cumpliendo con mi rol y eso le dé la libertad de hacer tu voluntad en su vida. Pido también por las más jóvenes que aún no encuentran una pareja. Ayúdalas a usar su juventud para prepararse e instruirse, pero, sobre todo, para conocerte más. Solo tú puedes ayudarlas a ser esas mujeres virtuosas que traerán gozo y paz a su pareja y la familia que formen. En un mundo donde se ha devaluado tanto el rol de la mujer en casa, permite que tu Palabra se imprima en ellas y anhelen agradarte a ti. Amén.

¿Fuera de casa?

Confecciona ropa de lino y la vende; provee cinturones a los comerciantes. Proverbios 31:24 (NVI)

¿Debo trabajar fuera de casa? Esta pregunta ronda mi mente todo el tiempo, Señor. Comprendo que mi prioridad debe ser mi familia, y quiero que así sea. Pero tú conoces las circunstancias particulares de cada mujer, así que no quiero juzgar a otras, ni tomar decisiones con base en lo que otras hagan, sino, delante de ti, y en diálogo con mi esposo, deseo elegir lo que es mejor para mi familia. La mujer virtuosa tenía su negocio y con eso, seguramente, ayudaba en el sostenimiento de la familia. Así que, si debo salir a trabajar, guárdame de no perder el equilibrio y olvidar a mi familia. Si debo quedarme, gracias porque sé que proveerás el sustento y lo multiplicarás. En todo lo que haga, que sea tu voluntad para mi vida.

Dignidad

*Está vestida de fortaleza y dignidad. Proverbios
31:25 (NTV)*

Me visto de dignidad, Señor, porque tú me la has
conferido al hacerme tu hija. Soy digna porque tengo
valor, pues he sido creada a tu imagen. Soy digna
porque tengo una posición en Cristo y pertenezco
a tu familia. Soy digna porque he recibido amor
inmerecido de tu parte. Soy digna porque tú te sa-
crificaste por mí, mostrando cuán importante soy.
Y por todas estas mismas razones, quiero dignificar
a los demás. Honro a las personas porque son tus
criaturas y tú las has creado. Los dignifico porque
tienen un lugar en la sociedad y muchos han con-
seguido logros mediante sus esfuerzos. Les muestro
amor pues es una forma de honrarlos, así como has
hecho conmigo, y por lo tanto, uso las palabras para
reconocer sus sacrificios, sus elecciones valientes y
sus buenas decisiones.

El futuro

Afronta segura el porvenir. Proverbios 31:25 (NVI)

Realmente nada sé sobre el futuro, Señor. Con frecuencia pienso lo peor y me atemoriza el mañana. No me siento optimista, ni miro el futuro con alegría. Pero hoy te pido que llenes mi corazón de esperanza. Tú has declarado que un día estaré en tu presencia donde no habrá más llanto ni dolor, así que ¡estaré alegre y risueña! Mientras llega ese día, quiero vivir sin que me preocupe el mañana. Por una parte, no tengo manera de saber qué vendrá. Por otro lado, puedo descansar en la certeza de que tú tienes el control. He leído en tu Palabra historia tras historia de aquellos que te fueron fieles y a quienes tú cuidaste y guiaste. Lo mismo harás conmigo. Por esa razón, ayúdame a afrontar con seguridad el porvenir, porque dependo de ti y no de mí misma.

Palabras sabias

Cuando habla, lo hace con sabiduría. Proverbios 31:26 (NVI)

Oh, Señor, quisiera que este proverbio fuera verdad en mi vida, pero me cuesta tanto. Muchas veces me dejo llevar por la pasión del momento, la urgencia de la situación o las emociones de mi corazón. Sin embargo, reconozco que lo que sale de mi boca habla de lo que anida en mi corazón. Tú dices que, si necesitamos sabiduría, la pidamos a ti que eres generoso y nos la darás. Dame, pues, la capacidad de poner freno a mi lengua. Quiero que mis palabras contribuyan a la edificación y bien de los que me escuchan. Para ello, debo llenar mi mente y mi corazón de lo que es verdadero, honorable, justo, puro, bello y admirable. Que todas estas cosas abunden en mi corazón para que así mi boca hable de aquello que habita dentro. Amén.

Instrucción amorosa

Cuando instruye, lo hace con amor. Proverbios 31:26 (NVI)

No siempre doy órdenes con clemencia o bondad. Quizá no he tenido buenos ejemplos al respecto, pues a veces recuerdo las cosas que se me dijeron en la infancia con severidad e incluso crueldad. Pero hoy quiero hacer las cosas correctamente. Por eso, te pido que me ayudes a instruir con amor. Sea que esté con un niño o un adolescente, un adulto mayor o un contemporáneo, que posea el arte de transmitir lo correcto con la actitud agradable y apacible que caracteriza a tus hijas. Permite que enseñe con dulzura y que la ley de la misericordia esté en mi boca. Nuevamente, si guardo tu Palabra en mi corazón, será mucho más fácil expresar todo lo que es justo, agradable y bueno. Amén.

Atenta

Está atenta a todo lo que ocurre en su hogar. Proverbios 31:27 (NTV)

Señor, ayúdame a ser atenta. Sé que implica más que escuchar con mis oídos. Requiere también que escuche con el corazón. La atención exige que muestre el valor de una persona al darle toda mi concentración y no distraerme con el teléfono o mis propios pensamientos. No permitas, Señor, que mi corazón se endurezca y deje de ver por sus necesidades. No dejes que me distraiga y pierda las oportunidades de crecer con otros y bendecirlos en el proceso. Líbrame de la indiferencia. Prepara mi corazón para que se interese en lo que otros dicen, piensan y sienten. Quiero estar atenta a lo que ocurre no solo dentro de las cuatro paredes de mi casa, sino por todos los lugares donde convivo con otras personas. Amén.

Pan

Y el pan que come no es fruto del ocio. Proverbios 31:27 (NVI)

Hoy quiero pensar en el pan, Señor. No permitas que coma el pan que es fruto de la pereza. Por eso oro como nos enseñó mi Señor Jesús: «Danos hoy nuestro pan cotidiano». Tú no nos das pan rancio o duro, sino pan fresco y nuevo cada mañana. Pero no me refiero solamente a la provisión diaria de alimentos físicos, sino a algo más grande y especial: el pan de tu misericordia. Por tu misericordia, no hemos sido consumidos a pesar de que te fallamos constantemente. Tus misericordias, más bien, son como ese pan fresco cada mañana, como el maná de antaño en el desierto, que alimenta, nutre y anima. No deseo comer este pan en balde, sino valorar tu amor cada mañana y deleitarme en él.

Felicitaciones

Sus hijos se levantan y la felicitan. Proverbios 31:28 (NVI)

Qué gran privilegio que los hijos reconozcan la virtud de una madre. Qué hermoso es recibir felicitaciones, Señor. Muchas veces solo espero mi cumpleaños o el Día de las Madres para oír alabanzas de los demás, pero hoy quiero pensar en cómo puedo bendecir a otros a mi alrededor. Señor, ayúdame a levantarme, lo que implica un esfuerzo, y felicitar a los que me rodean. Permite que tenga presentes las fechas de cumpleaños y de aniversarios, de festejos y de días cotidianos. Sin importar la ocasión, que pueda bendecirles con un proverbio o un salmo, palabras tuyas que alienten y animen a que te sigan, te amen y te conozcan. Y hoy, en lo particular, me levanto y bendigo a mi madre, y te agradezco por su vida. Amén.

Alabanzas

Muchas mujeres hicieron el bien; mas tú sobrepasas a todas. Proverbios 31:29 (RVR60)

Qué raro es escuchar halagos de los labios de un esposo, Señor. Todos, cuando nos preguntan sobre nuestro cónyuge o nuestros padres, nuestros jefes o amigos, solemos pensar en lo negativo por delante. Sin embargo, hoy aprendo en este proverbio sobre la importancia de animar a los demás con mis palabras. Así como para mí una felicitación o una palabra de entusiasmo me invita a ser mejor y a esforzarme, del mismo modo quiero hoy reconocer lo bueno que hay en todos los que me rodean. Que de mis labios salgan alabanzas, no hipócritas ni exageradas, sino sinceras y verdaderas. Este hombre consideraba a su esposa especial. Muéstrame quién tiene ese lugar en mi vida y ayúdame a expresarlo a viva voz.

El encanto

El encanto es engañoso. Proverbios 31:30 (NTV)

El encanto era aquello que se cantaba para conseguir algo, una fórmula mágica o una recitación para lograr un objetivo. Del mismo modo, los encantos son engañosos. A veces uso o visto ropa para convencer a los demás de que valgo y deben respetarme o servirme. Por lo mismo, Señor, líbrame de la vanidad. Cierto es que las mujeres sabemos cómo arreglarnos o qué perfume usar para conquistar a otros. Podemos manipular con palabras y con actitudes para salirnos con la nuestra. No permitas que utilice estas artimañas para mi beneficio. Más bien, quiero ser una mujer sencilla y sincera, que acuda a ti en mis momentos de angustia, que evalúe todo el tiempo mis propias motivaciones y que me aparte del engaño como un medio para subsistir. Amén.

Belleza temporal

La belleza no perdura. Proverbios 31:30 (NTV)

Entiendo, Señor, que la belleza es pasajera. El tiempo avanza y aparecen las canas y las arrugas. Sé también que las modas son cambiantes. No puedo mantenerme al día con cada nueva propuesta. Sin embargo, pienso en la belleza física como en una estrella fugaz. Estos meteoritos entran a la atmósfera con gran velocidad y se queman con la fricción del aire. Dejan, sin embargo, una trayectoria luminosa que alumbra una noche oscura. Del mismo modo, si bien mi apariencia tiene caducidad, quiero cuidarme lo suficiente para dejar detrás de mí un recuerdo agradable en los demás. Que mi trayectoria sea larga y brillante, no porque crea que la apariencia es más importante que el corazón, sino porque creo que tú me has hecho bella, no con el motivo de envanecerme, sino de honrarte.

La belleza interna

La mujer que teme al Señor es digna de alabanza.
Proverbios 31:30 (NVI)

Dame, Señor, la belleza interna de un espíritu suave y apacible. Concédeme esa hermosura que endulza las facciones y da brillo a los ojos. Sé que no proviene del orgullo o el egoísmo, sino de una relación correcta contigo. Así como el rostro de Moisés resplandecía después de encontrarse contigo en la montaña, permite que mi faz exprese tu paz, tu amor y tu misericordia después de cada momento de oración, meditación o estudio de tu Palabra. Mi deseo es conocerte más cada día, para así reflejar mejor tus cualidades y atributos, los que veo claramente representados en la vida de Cristo cuando estuvo en la tierra. Que sea yo una mujer que te teme, respeta y honra. Amén.

Fruto

Dadle del fruto de sus manos. Proverbios 31:31 (RVR60)

No anhelo, Señor, la recompensa terrenal ni las lisonjas humanas. Más bien, mi alma desea fervientemente el fruto que proviene de ser aquello para lo que fui creada. Quiero ser esa rama de la vid que después de ser podada y nutrida produce las uvas que harán un buen vino para alegrar a los hombres y a ti. Aspiro a cosechar lo que has sembrado en mi corazón para ponerlo a tus pies como una ofrenda de gratitud y respeto. Sueño con aquel día en que me encontraré delante de ti cara a cara por primera vez, y colocaré mis coronas a tus pies. Sobre todo, busco servirte y amarte, no por lo que pueda recibir de ti, sino por lo mucho que ya me has dado. Y si logro oír de tus labios un «bien hecho, sierva fiel» mi dicha será completa.

Hechos, no palabras

Y alábenla en las puertas sus hechos. Proverbios 31:31 (RVR60)

Son los hechos, no las palabras, los que se quedarán en las mentes de los que me rodean. Son mis obras las que finalmente atestiguarán cuáles fueron mis convicciones en esta vida. Cada cosa que haga y diga mostrará lo que abunda en mi mente y en mi corazón. Por eso, Señor, dame la sabiduría que necesito al transitar por esta vida para que, en cada decisión, cada encrucijada y cada pensamiento estés tú. Ayúdame a no optar por el camino ancho de beneficios temporales y materiales, sino a elegir el camino angosto y poco transitado que busca sembrar para lo eterno. Y gracias por la promesa que has dado a tus siervos, pues si bien un día moriremos, nuestras obras permanecerán. Descansaremos de nuestros trabajos, pero tú premiarás todo el bien que hayamos hecho.